KB043185

유물과 마주하다

내가 만난 국보·보물

일
러
두
기

내가 만난 국보·보물

유물과 마주하다

국립문화재연구원 미술문화재연구실 엮음

눌와

발간사

      우리나라에는 선조들의 역사와 문화를 알려주는 소중한 문화유산이 많이 있습니다. 그중 중요한 유산은 국보와 보물로 지정되어 우리가 친숙하게 접할 수 있습니다. 문화유산의 지정 소식은 쉽게 알 수 있으나, 정작 그 이후에 우리 문화유산이 어떻게 관리되고 있는지에 대해서는 잘 알려지지 않았습니다.

      우리의 소중한 문화유산을 후세에 안전하게 전하기 위해 문화재청은 국보와 보물로 지정된 미술·기록 문화유산의 보존 상태 및 보관 환경에 대한 정기조사를 2008년부터 시작했습니다. 2017년부터는 문화재청 소속 국립문화재연구원 미술문화재연구실이 조사를 담당하며, 중요 유물의 훼손을 예방하고 안전한 보존 환경을 조성하는 데 힘쓰고 있습니다.

      이 책은 정기조사를 수행하며 문화유산 보존·관리의 최전선에서 유물을 직접 조사한 연구자가 연구한 내용과 함께, 조사 과정의 경험담을 글에 녹여내어 지식에 재미를 더했습니다. 유물의 세부 모습과 조사 장면을 담은 사진을 실어 현장의 분위기를 생생하게 느낄 수 있도록 하였고, 해당 유물에 관한 참고 자료도 수록해 관련 연구 성과를 편리하게 찾아볼 수 있도록 하였습니다.

우리 문화유산을 알고 지키는 일은 미래 세대에게 우리 문화를 발전시킬 원동력을 제공할 것입니다. 독자들이 우리의 소중한 문화유산을 더욱 폭넓게 이해하고 소중하게 아끼는 데 이 책이 도움이 되기를 바랍니다. 그리고 전국에 산재한 수많은 국보·보물 유물을 조사하고, 책자 발간에도 노력해 준 미술문화재연구실 직원들에게 진심으로 감사드립니다.

2023. 6.
국립문화재연구원장
김연수

3 왜 국가가 관리하는 문화재일까

4 구석구석 다시 보는 국보·보물

1

살아남은 문화재와
마주하며

이 백자
한 점이
국보로
전하기까지

신주혜

국보 〈백자 청화철채동채초충문 병〉

1938년 간송澗松 전형필全鎣弼(1906~1962) 선생님이 설립한 우리나라 최초의 사립미술관인 보화각葆華閣은 오늘날 간송미술관으로 이어져 그곳에 가면 우리의 문화유산을 대표할 만한 수작들을 만나볼 수 있다. 고려 상감청자 중 가장 뛰어나다고 평가받는 국보 〈청자 상감운학문 매병〉을 비롯하여 세계 유일무이한 『훈민정음 해례본』, 겸재謙齋 정선鄭敾의 《해악 전신첩海嶽傳神帖》 등 간송 선생님이 당시 전 재산을 들여 지켜낸 국보급 유물들은 여전히 우리의 소중한 문화유산으로 빛을 발하고 있다.

그 가운데 이 글에서 소개할 국보 〈백자白磁 청화철채동채초충문靑畫 鐵彩銅彩草蟲文 병瓶〉은 곧게 뻗은 목과 둥근 곡선의 몸체가 빼어날 뿐만 아니라, 무엇보다 조선백자에서 선보인 모든 안료가 사용되어 문양이 다채롭게 구현된 명품 중의 명품이다. 이 유물은 1936년 간송 선생님이 일본인들을 제치고 거금을 들여 입수한 것으로 고미술계에서는 걸작으로 오랜 기간 유명했다. 원로 미술사학자 혜곡兮谷 최순우崔淳雨(1916~1984) 선생님은 이 유물에 대해 "물에 뺀 듯한 늘씬한 몸매의 곡선과 배자유胚子油 색깔이 보여주는 은은한 기품은 비교할 만한 대상이 또 없을 만큼 뛰어나다"라고 예찬하셨을 정도이니, 그 당시 조선백자 중에서 가장 뛰어난 미를 보여준 작품이라 할 수 있다.

이 백자는 오늘날까지 전해지는 일화가 매우 흥미롭다. 먼저 그 일화를 소개하고, 조선백자로서 〈백자 청화철채동채초충문 병〉의 특징, 우리나라 문화유산으로서의 가치와 위상 등을 짧은 감상과 더불어 풀어나가 보겠다.

1원짜리 참기름병이 국보가 된 사연

이 백자가 세상에 알려진 시기는 1920년대로 거슬러 올라간다. 경기도 팔당 인근에서 고기잡이를 하고, 봄나물과 참기름을 팔아 생계를 잇던 노부부가 있었다. 어느 날 할머니가 야산에서 나물을 캐다가 흰색 병을 발견했다. 목이 길어 참기름을 담기에 안성맞춤인 병이었다. 할머니는 필요할 때마다 그곳에서 병들을 주워 참기름병으로 사용했다. 그런데 할머니가 병을 발견한 장소가 바로 조선시대에 왕실용 자기를 생산했던 사옹원司饔院 분원分院 가마터였다는 점에서 앞으로 흥미로운 이야기가 전개된다.

할머니는 야산에서 주워온 흰색 병에 직접 짠 참기름을 담아 중간상인에게 1원씩 받고 넘겼다. 중간상인은 광주리 장수인 개성댁에게 참기름을 팔았고, 개성댁은 참기름을 경성의 황금정(지금의 을지로)에 사는 일본인 단골 부부에게 가져갔다. 이 참기름병에 마음이 간 일본인 부인은 개성댁에게 병값으로 1원 더 쳐줘 5원에 참기름을 구입하는데, 이때가 1920년 초였다.

이 백자 한 점이 국보로 전하기까지

국보
〈백자 청화철채동채초충문 병〉,
18세기 후반,
높이 41.7cm, 입지름 4cm,
굽지름 13.3cm, 간송미술관

그 일본인 부인의 남편은 골동품상 무라노村野로, 그는 참기름병이 조선백자임을 알아보았다.

조선백자를 단돈 1원에 구매한 무라노는 이것을 다른 골동품상에게 60원에 팔았다. 얼마 후 백자는 스미이 다쓰오住井辰男(1881~1962)라는 조선백자 수집가에게 600원에 팔렸고, 스미이는 1932년 일본으로 돌아가기 전, 자신의 수장품 180점을 경성미술구락부京城美術俱樂部 경매에 출품했다. 경매에서 그 조선백자는 모리 고이치森悟一라는 수집가에게 3천 원에 낙찰되었다.

모리 고이치는 1908년 대한제국 초청으로 국내에 들어온 금융전문가이자, 유명한 고미술품 수장가였다. 그는 수장품을 한 점도 경매에 내놓은 적이 없어서 그에게 명품 조선백자가 많다는 소문이 나돌았다. 1936년, 모리 고이치가 죽자 그의 유족은 수장품을 경성미술구락부의 주관하에 전시하고 경매하기로 하였다.

모리 고이치 유품 전시는 1936년 11월 20일(금)~21일(토)에 진행되었고, 경매는 22일에 있었다. 간송 선생님은 경성미술구락부 전시장에서 그 백자를 직접 확인한 후, 경매에 참여하였다. 경매가 시작되자, 500원부터

이 백자 한 점이 국보로 전하기까지

간송 전형필 ⓒ간송미술문화재단

서울 보화각

李朝物の鐵沙大瓶
一萬五千圓に
故森悟一氏の遺愛品賣立
總額五萬圓、近來稀な盛況

珍品愛藏家で知られた初代貯金頭取故森悟一氏の遺愛品、書畫骨董類の賣立會は京城美術倶樂部で廿一日下見、廿二日午後一時から賣立に移り、李朝物の陶瓷器

何れも人氣

を呼んだが、李朝染付闇尻沙瓶や頭堂、立齋、金玉均などの書畫かゝる中にも李朝染付闇尻沙瓶や親しい文

なり、結局一萬四千五百八十圓といふ李朝物としては空前の高値で某氏の手に渡つた、この大瓶は故森氏が元三井物産京城支店長住井辰男氏から四百八十圓で讓り受けて生前愛玩してゐたもの、李朝物のレコードである、この他五百圓以上のもの廿數點に及ひ、總賣上げ高は豫定の三萬圓を

遙かに突破 して四萬九千八百餘圓に達するなど、朝鮮の賣立としては近來にない大盛況を示した

＝＝＝寫眞は當日の呼び物となつた一萬四千五百八十圓の李朝鐵沙の大瓶＝＝＝

到、廣業、玉堂、瓷硯、瓦硯、阮き工合などは蔘者の垂涎の的と

「조선인이 만든 철사 대병 1만 5천 원에」, 『경성일보』 1936년 11월 23일자

이 백자 한 점이 국보로 전하기까지

시작된 가격이 순식간에 7천 원으로 뛰어올랐다. 이어서 간송 선생님의 대리인인 신보 기조信保喜三가 8천 원을 불렀다. 이대로 경매가 끝나는가 싶었는데 "9천 원!" 하며 정적을 깬 사람이 있었다. 바로 야마나카 상회山中商會 측이었다. 야마나카 상회는 일본뿐 아니라 미국, 홍콩 등에도 지부를 둔 세계적인 골동품 회사였다. 이 백자를 두고 야마나카 상회와 간송 사이에 경합이 시작된 것이다.

야마나카 측의 외침에 반응한 신보는 곧바로 1만 원을 불렀다. 그다음부터 호가가 500원 단위에서 10원 단위로 바뀌면서 치열한 경쟁이 이어졌다. 최후에 이 백자 병을 손에 넣은 사람은 간송이었다. 낙찰가는 1만 4580원. 이는 당시 기와집 15채에 해당하는 엄청난 금액으로, 그때까지 경성미술구락부 사상 최고 경매 낙찰가였으며, 조선백자로서도 역대 최고가였다.

이튿날『경성일보』는 백자 사진과 함께 "조선백자가 1만 5천 원에 낙찰되었다"라고 보도하였다. 그렇게 그 조선백자가 간송의 소장품이 되어 평온한 시간을 보내던 중 한국전쟁이 발발했고, 보화각의 수장품들은 북한 인민군에 의해 반출될 위기에 처했다. 다행히도 손재형孫在馨(1903~1981) 선생님과 최순우 선생님이 일부러 포장을 늦춘 덕분에 가까스로 위기를 모면한 것으로 잘 알려져 있다. 그리고 시간이 흘러 1963년에 그 조선백자는 '청화백자 철사진사국화문 병'이라는 이름의 보물로 지정되었다가 1997년에 '백자 청화철채동채초충문 병'이라는 명칭으로 국보로 승격되어 오늘날까지 소중한 우리 문화유산으로 남아 있다.

다채로운 양각 문양, 그 절제된 화려함

길고 곧게 뻗은 목 부분과 달항아리를 연상케 하는 풍만한 몸체에 더해, 아취로운 문양 요소들이 조화롭게 표현된 이 병은 18세기 조선시대 왕실용 자기를 전문적으로 생산했던 경기도 광주 사옹원 분원에서 만들어진 것으로 추정된다. 특히 양각 기법을 이용하여 도드라진 문양들 위에 청화(산화코발트가 섞인 푸른색 안료), 철화(산화철이 섞인 붉은색 안료), 동화(산화동이 섞인 갈색 안료) 등을 곁들여 채색 장식한 조선백자는 유례가 거의 없을 정도이니, 이 병은 학술적으로도 의미하는 바가 크다.

1392년 조선이 건국하고 성리학을 중심으로 국가의 정치이념과 지배체제가 돌아가면서 조선 왕실 및 사대부들의 취향도 화려한 고려청자 대신 순백의 조선백자로 변하였다. 이는 청자에서 백자로 전환되는 당시의 세계적인 추세를 따른 것이기도 했다. 조선 왕실이 택한 그릇도 무늬가 없는 순백자나 약간의 장식성이 가해진 청화백자가 중심이었다. 청화백자에

쓰이는 산화코발트의 수급이 17세기 들어 어려워지자 철화백자가 왕실용 그릇으로 사용되었지만 이때도 한 가지 색상의 장식만 사용했다.

그런데 간송미술관의 〈백자 청화철채동채초충문 병〉이 제작된 18세기 상황은 조금 달랐다. 우선 조선 후기에 들어서면 왕실용 그릇 제작을 담당하던 사옹원 분원의 운영 방식이 근본적으로 달라졌다. 생계유지를 위해 장인들이 사적으로 그릇을 만드는 일이 허용되면서 왕실뿐 아니라 사대부들의 취향도 도자 생산에 적극적으로 반영된 것이다. 따라서 이 시기에는 소상팔경瀟湘八景을 비롯한 산수, 화훼, 초충, 시문詩文 등 동시대 문인화의 주제들이 청화백자의 문양 소재로 새롭게 나타났다. 또한 당시 중국을 활발히 오간 사신들을 통해 유입된 다채롭고 정교한 중국 자기는 조선백자 제작에도 영향을 주었다. 즉, 두 가지 이상의 채색 안료 사용, 기면을 뚫어내는 투각, 문양을 도드라지게 하는 양각 등 새로운 시도들이 본격적으로 나타났다.

한 기물에 청화, 철화, 동화 세 안료로 장식된 예는 극히 드물다. 이 안료들은 각기 성질이 달라 소성 온도나 가마 환경 등의 영향을 많이 받아 제작 과정에서 매우 까다로운 공정을 거치기 때문이다. 따라서 이 백자 병은 당시 도자를 장식하는 기법 중 가장 고난도 기술이 적용된 것으로 볼 수 있다.

문양의 구성을 살펴보면, 세 가닥으로 피어난 난초는 양각한 후 그 부위에 청화 안료로 채색하였고, V자 형태로 뻗은 국화 가지 또한 양각한 후 철화 안료로 진하게 채색하였다. 국화꽃은 난초 주변에 한 송이, 그 위로 세 송이를 균형감 있게 배치하였는데, 동화와 철화로 갈색과 붉은색 국화를 생동감 있게 표현하였다. 또 국화꽃 하나에는 아무런 채색을 가하지 않고 바탕의 백색 그대로를 자연스레 남겨둔 점이 특징이다. 이처럼 세 가지 색의 국화는 양각의 도드라진 기법으로 입체감을 형성하고 순백색의 바탕과 절묘한 조화를 이루며, 자연스러우면서도 절제된 화려함을 잘 보여준다. 국화꽃 위를 나니는 두 마리 나비 또한 정교하게 양각되었고, 몸통과 날개 끝마디 부분에만 옅은 채색을 주었다. 이렇게 품격 있고 우아한 한 폭의 초충문이 완성된 것이다.

간송미술관 소장 〈백자 청화철채동채초충문 병〉은 당시 기술적으로 최고 경지에 오른 조선백자의 면모와 예술적 품격을 잘 보여주는 수작이라 할 수 있다.

"소홀히 할 수 없음이 이와 같다"

대학원생 시절, 지도교수님의 연구실에 과거 해외에서 강연하셨던 조

선백자 포스터가 걸려 있었다. 그 포스터의 대표 이미지가 바로 간송미술
관 소장 〈백자 청화철채동채초충문 병〉이었다. 포스터 속 이미지가 머릿
속에 생생히 남아 이 유물이 특히 친숙하고 정감이 갔는지도 모르겠다.

학생으로서 미술사를 공부하던 때에는 간송미술관에 소장된 도자 유
물들을 제대로 실견할 기회가 그리 많지 않았다. 그런데 2019년 3·1운동
100주년 기념, '대한콜랙숀'이라는 주제로 동대문디자인플라자에서 열린
특별 전시에서 처음 이 유물을 마주할 수 있었다. 〈백자 청화철채동채초
충문 병〉은 〈청자 상감운학문 매병〉, 〈청자 모자원숭이형 연적〉과 함께 이
전시의 포스터 일면을 화려하게 장식하였다. 우리나라 국보급 도자 세 점
중 두 점의 비색 청자 사이에서 단연 돋보였던 것은 은은한 순백색에 다양
한 채색을 입은 이 조선백자 병이었다.

자기 하나를 제대로 만들지 못하면, 나라의 만사가 모두 그 그릇을 닮는다.
그 기물이 작다고 여겨 소홀히 할 수 없음이 이와 같다.

一瓷之不善, 而國之萬事皆苟, 其器物之不可以小而忽之也如此.

_박제가, 『북학의』, 「내편」 자기[瓷]

위의 글은 조선 후기 대표적인 북학파 박제가朴齊家(1750~1805)가 쓴

『북학의北學議』에서 발췌한 구절로, 지도교수님께서 〈백자 청화철채동채초충문 병〉을 설명할 때 항상 인용하셨던 문구이다. 박제가는 조선시대 도자 제작 상황이 중국에 비해 떨어짐을 지적하며 이와 같은 말을 남겼는데, 기물이 작다 하더라도 소홀히 해서는 안 된다는 것을 강조하고 있다. 청화, 철화, 동화를 이용하여 마치 한 폭의 그림을 담아낸 듯한 초충문을 보고 있으면 어느 것 하나 소홀함이라고는 느껴지지 않는다. 교수님께서 그간 어떠한 연유로 이 백자를 소개하실 때 박제가의 말을 빠뜨리지 않으셨는지 이해할 수 있었다.

오늘날에도 도자기를 굽는 과정에서 여러 시행착오를 겪는다. 하물며 수백 년 전 조선시대의 상황은 어땠을까. 하나의 자기가 제대로 완성되기까지 지금보다도 수십, 수백 배의 시간과 노력이 필요했을 것이다. 이 〈백자 청화철채동채초충문 병〉에는 그러한 노력의 흔적들이 고스란히 담겨 있다. 그런 의미에서 조선만의 미감을 잃지 않기 위해 고군분투했던 무명의 도공들과 장인들을 생각해 본다. 또한 우리 문화유산이 빼앗길 위기 속에서 어떻게든 이 백자를 이 땅에 남겨두고자 했던 간송과 여러 사람들의 열정을 다시금 마음에 새겨본다. 이들이 있었기에 이 유물이 소중한 문화유산으로 남은 것이 아닐까. 그동안 이 유물에 닿았던, 어떠한 일이든 소홀히 하지 않았을 많은 분들께 감사함을 느끼는 순간이다.

이 백자 한 점이 국보로 전하기까지

본래
자리에서
만나는
기쁨

박진희

보물 〈예천 보문사 삼장보살도〉

환지본처還至本處. 원래의 자리로 돌아간다는 뜻이다. 〈예천 보문사 삼장보살도〉는 환지본처한 문화재 중 하나이다. 1989년 6월 비바람이 심하게 불던 날, 예천 보문사 전각 내에 걸렸던 세 점의 불화가 틀만 남겨진 채 그림 화면만 잘려 도난당했다. 흔히 말하는 '꾼'의 소행으로 보였다. 다행히 도난당한 두 점이 서울의 한 사립 박물관 수장고에서 발견되어 2014년 8월 회수되었고, 여러 절차를 거쳐 2017년 예천 보문사로 돌아와 보물로 지정되었다.

우리나라 사찰들은 조선시대에 시행된 억불 정책을 피해 도시에서 모습을 감추었으며, 대부분 산으로 들어가 산사의 모습으로 명맥을 유지해 오늘날에 이르렀다. 산속은 인적이 드물고 산사의 전각들은 개방되어 있어 산사는 문화재 절도범들의 표적이 되었다. 특히 불교회화의 경우 표구한 부분과 틀을 남겨 놓은 채 그림 화면만 오려서 접거나 말아 부피를 줄일 수 있고 무게도 가벼워 많은 도난 피해를 입었다. 이런 피해가 늘어나면서 교구 본사 중심의 성보박물관 건립, 도난 방지 시설 및 안전시설 지원 등 사찰 문화재의 보존과 관리를 위한 뒷받침이 마련되기 시작하였다.

또한 2010년대에는 도난 문화재 환수를 위해 적극적으로 나선 결과, 2014년 조계종과 문화재청, 서울지방경찰청이 공조 수사를 하여 도난 문

본래 자리에서 만나는 기쁨

보물 〈예천 보문사 삼장보살도〉,
1767년, 비단에 채색, 168×165cm, 예천 보문사

화재 48점을 회수하였다. 〈예천 보문사 삼장보살도〉도 이때의 성과였다. 과거에 도난당했다가 회수된 성보聖寶 문화재들이 최근에 불교중앙박물관에서 전시되는 등 도난 사찰 문화재들이 제자리로 돌아가기 전에 세상의 빛을 보았다.

긴 여정 끝에 돌아온 〈예천 보문사 삼장보살도〉는 〈아미타불회도〉와 함께 제자리를 찾게 되었다. 불화는 절도 당시 그림 화면만 오려 가는 바람에 화면 네 변의 부분이 약간 잘렸다. 특히 불화 제작 명세서라 할 수 있는 하단의 화기畵記가 많이 잘렸다. 이것은 어디에 봉안되었던 불화인지를 알지 못하게 하려는 행위였다. 이로 인해 불화 제작과 시주에 참여한 인물 등 제작 당시의 상황을 알 수 있는 정보가 상실되었다. 그래도 불행 중 다행으로, 잘려 나가고 남은 화기 일부의 '정해丁亥'라는 간지와 대한불교조

화기가 잘린 부분

본래 자리에서 만나는 기쁨

계종 총무원에서 발간한 『불교문화재 도난백서』(1999)에 쓰인 〈보문사 삼장보살도〉 제작 시기를 통해 그것이 1767년에 제작되었음을 알게 되었다.

다시 찾은 불화를 5년 만에 조사하며

국립문화재연구원에서 자동차로 2시간가량 달려 예천에 들어섰고, 예천 군청 주변에서 점심을 먹은 뒤 다시 보문사로 향했다. 한적한 시골 도로를 굽이굽이 가다 보니 산을 등지고 아담한 사찰이 눈에 들어왔다.

주차를 하고 조사 일정 협의로 연락을 드렸던 스님을 찾아 인사했다. 스님은 먼 길 오느라 수고했다는 말과 함께 음료를 내주셨고, 곧이어 조사 대상 문화재가 있는 전각으로 안내해 주었다. 〈예천 보문사 삼장보살도〉는 보문사의 대표 전각이자 아미타불을 모시는 극락보전에 있었다. 부처님께 삼배를 올리며 조사 진행을 위해 양해를 구했다. 그리고 나서 한쪽 구석에 장비를 풀고 조사 대상인 〈예천 보문사 삼장보살도〉 앞에 서자 "너로구나!" 하는 반가운 마음이 일었다.

여기서 잠시 조사를 위한 준비 과정을 알아보자. 먼저, 조사하기 전 대상 문화재에 대한 기본 정보와 관리 상황 등 사전 자료를 정리하며 숙지한다. 특히 이전 정기조사에서 촬영한 사진과 결과 조사서가 중요하다. 왜냐하면 이번 정기조사 결과와 비교하여 그사이 문화재의 상태나 관리 환경이 얼마나 변했는지 알 수 있는 기준이 되기 때문이다. 이와 같은 사전 자료들을 통해 대상 문화재의 어떤 부분을 중점적으로 봐야 할지 또는 관리자나 소장자에게 확인해야 할 사항이 있는지 등 현장 조사 시 필요한 사항들을 계획할 수 있다.

이번 조사는 〈예천 보문사 삼장보살도〉가 2017년에 보물로 지정되고 5년이 지난 시점에 실시되는 첫 정기조사이다. 첫 정기조사인 만큼 심층적인 조사가 필요하여 문화재보존과학센터 학예사 선생님의 도움을 받아 과학적 조사도 함께 진행하였다. 국가지정문화재로 지정할지 심의할 때 제출한 자료들을 기준으로 현재의 보존 상태와 관리 환경을 비교할 계획이었다.

여름의 초입인 6월 중순, 전각 안에는 무더운 공기가 가득하였다. 전각 안에서 선풍기도 없이 조사하면서 땀깨나 흘리겠구나 싶었다. 이런 날은 봄날의 출장이 그립다. 일하기에 알맞은 기온과 기분 좋은 바람, 싱그러운 나무들을 보면서 소풍이라도 간 듯 즐겁게 일하던 시간이었는데 그런 호시절이 어느새 지나갔다.

본래 자리에서 만나는 기쁨

죽은 자들의 세계인 명부를 표현한 불화

이제 오늘의 조사 대상 문화재를 살펴보자. 〈예천 보문사 삼장보살도〉는 불교에서 죽은 자들이 가는 세계인 명부冥府를 주제로 표현한 불화로, 전각 안에서 영혼들에게 제사를 지내는 영단靈段 옆에 걸려 있었다. 화면에는 명부 장면이 가득 묘사되어 있는데, 성곽·나무·구름을 활용하여 장면을 구분했기 때문에 화면에 이미지가 많음에도 정리된 느낌을 주었다.

화면은 크게 상단과 하단으로 나누어 볼 수 있다. 상단에는 중앙에 스님 모습을 한 지장보살地藏菩薩이 있고, 지장보살의 좌우에 지지보살持地菩薩과 천장보살天藏菩薩이 있는데, 이 세 보살을 주인공으로 한 불화를 삼장보살도라 한다. 현전하는 우리나라의 다른 삼장보살도에는 천장보살을 중앙으로 양옆에 지지보살과 지장보살이 배치되어 있다. 반면 〈예천 보문사 삼장보살도〉는 지장보살을 중앙에 배치하고, 다른 두 보살과 크기와 광배 표현을 달리하여 지장보살의 위상을 강조하였다. 이와 같이 동일한 주제를 가진 불화에서 주요 존상의 배치가 바뀌어 등장하는 것은 흔한 일이 아니다. 종교 회화인 불화는 제작 과정뿐만 아니라 화면에 그리는 존상과 주요한 표현들은 불교 의식집과 경전에 나오는 내용에 의거하여 제작하기 때문에 동일 주제의 불화들은 화면 구성과 형식이 유사하다. 따라서 이와 같은 불화 제작 양상을 놓고 보았을 때, 〈예천 보문사 삼장보살도〉는 지장보살을 주존으로 승격시켜 삼장보살의 배치가 다른 삼장보살도와 상이하다는 점이 중요 특징 중 하나라 할 수 있다.

　주요 존상인 지장보살은 화려한 색의 마름모무늬가 가득한 원형 광배를 뒤로 하고 청색 연화대좌에 앉아 있다. 좌우 보살에 비해 크게 묘사되어 마치 구름을 타고 앞으로 나온 듯한 원근감을 준다. 또한 지장보살은 오른손을 들어 보주를 집고 있으며, 가사 자락에 가득한 문양과 영락瓔珞(구슬을 꿰어 만든 장신구), 금구 장식 등에서 화려함이 느껴진다. 지장보살의 좌우에는 지장보살의 지물인 석장을 쥔 도명존자道明尊者와 합장한 무독귀왕無毒鬼王이 협시夾侍로 시립해 있다. 앞에서 봤을 때 그림 우측에 보이는 지지보살은 녹색 천의를 걸치고 지물 없이 녹색 연화대좌에 앉아 있다. 지지보살의 옆에는 소매에 치전 장식이 달린 천의를 입은 천녀 두 명이 합장한 채 서 있다. 앞에서 봤을 때 그림 좌측에 보이는 천장보살은 옅은 청색 천의를 걸쳤으며 왼손에 경권을 들고 녹색 연화대좌에 앉아 있다.

　천장보살의 좌우에는 원유관을 쓴 인물이 시립해 있는데, 여기서 재미있는 표현이 보인다. 두 인물의 원유관에 붉은색 여의주가 놓였는데 여의주와 함께 용이 등장한다. 녹색 옷을 입은 인물의 용은 이미 여의주를 문

(좌측부터) 천장보살, 지장보살, 지지보살과 그 협시들

천장보살
좌우의 두 협시

유물과 마주하다

반면, 다른 용은 여의주를 물기 위해 애를 쓰다 적색 옷을 입은 인물에게 붙잡힌 모습으로 묘사되었다. 불화에서 흔히 볼 수 있는 대칭적이고 일률적인 인물 표현과 달리, 개성 있는 표현과 디테일이 담겨 있어 볼수록 재미를 더한다.

그림 속 이토록 다양한 지옥 풍경

화면 하단으로 시선을 돌려보자. 앞에서 봤을 때 우측에는 병풍을 배경으로 시왕[十王]들이 둥글게 모여 앉아 죽은 이들이 살아생전 쌓은 죄업에 대해 논하고 있다. 그 앞에는 녹사綠事가 판관과 함께 동자들의 보조를 받으며 시왕들의 판결을 바삐 기록하고 있다. 이 장면에서 병풍에 그려진 수묵의 산수화와 시왕들이 밟고 있는 단의 나뭇결무늬 등 작은 부분까지 섬세하게 표현하여 그림의 완성도가 돋보인다.

화면 가운데의 성문 좌측으로 시선을 이동하면, 말을 탄 사자가 죄인의 머리채가 묶인 막대를 잡고 달리고 있다. 말 그대로 이 죄인은 이제 지옥문에 들어선 셈이다. 이 죄인이 앞으로 어떤 지옥에서 형벌을 받을지 화면에 펼쳐진 지옥들을 구경해 보자.

본래 자리에서 만나는 기쁨

시왕의 판결 장면

지옥에 들어선 죄인과 지옥 풍경

　　화면 아래부터, 칼을 심어 놓은 산에서 온몸이 찢기는 도산지옥刀山地
獄, 펄펄 끓는 가마솥에 삶는 확탕지옥鑊湯地獄, 망자를 철상에 눕혀 몸에
징을 박는 철정지옥鐵釘地獄, 죄인을 나무판 사이에 넣고 톱으로 신체를
자르는 거해지옥鋸解地獄, 쇠절구에 망자를 넣고 빻는 춘마지옥椿磨地獄이
있다. 시왕들이 다스리는 여러 지옥 중 다섯 지옥을 화면에 도해하였다.
각 지옥에서 형벌을 받는 인간이 벌거벗은 채 피를 뿜어내며 고통에 시달
리고 있는 모습을 직관적으로 표현한 까닭에 육신의 고통이 낱낱이 전해

　　　　　　　　　　　　　　　　　본래 자리에서 만나는 기쁨

지는 것 같다. 특히 꼬챙이에 꽂혀 축 늘어진 형상은 마치 고깃덩어리처럼 보여서 죄짓고 살지 말자는 생각이 저절로 들 정도이다.

이러한 지옥 모습은 그린 이가 상상해서 그린 것이 아니라 명부 신앙 관련 불교 경전에 나오는 내용을 그림으로 그린 것이다. 그중 하나를 예로 들면 다음과 같다.

• "가마의 끓는 물에 죄인의 몸을 삶는다."

_『지장보살본원경地藏菩薩本願經』「제5 지옥명호품地獄名號品」

• "어떤 중생들은 항상 끓는 솥 속에 있게 되며 우두아방이 세 갈래 창으로 끓는 솥 속에 사람들을 붙잡아 놓고 끓여 흐물흐물하게 만들고…."

_『불설죄업응보교화지옥경佛說罪業應報敎化地獄經』

이 경전의 내용에 따라 확탕지옥이 묘사된 것이다. 또한 경전에서는 "전생에 그릇된 견해를 믿고… 중생을 도살하여 끓는 솥에 넣고 졸이고 삶고 하는 일이 한량없었기 때문에 이런 죄를 얻게 된 것이다"라며 지옥에 가게 된 죄업까지 구체적으로 설명한다.

한편 지옥 장면과 시왕을 주제로 그린 불화인 시왕도는 일반적으로 시왕 한 명과 그 시왕이 다스리는 지옥을 매치하여 한 화면에 담아내지만, 〈예천 보문사 삼장보살도〉는 한 화면에 시왕의 무리와 지옥의 장면을 함축적으로 표현하여 전례 없는 화면 구성을 보여주고 있다. 이렇게 독특한 화면 구성 때문에 〈예천 보문사 삼장보살도〉는 이전의 자료에서 감로도, 지장보살도 등 다양한 명칭으로도 소개되었다. 이것은 그만큼 유일무이한 화면 구성과 풍부한 도상을 담고 있어 무엇을 주제로 보는지에 따라 명칭이 달라질 수 있다는 의미이다. 따라서 〈예천 보문사 삼장보살도〉는 죽은 자가 저승에서 시왕에게 지은 죄를 재판받고 지옥에서 고통에 시달리며 삼장보살의 구원을 비는 일련의 과정을 모두 담고 있어 명부계 불화의 종합세트라고 할 수 있다.

지금까지 〈예천 보문사 삼장보살도〉의 화면을 통해 이 불화가 지닌 차별적인 특성과 가치에 대해 살펴보았다. 다음으로 궁금해지는 것이 과연 이것을 그린 주인공은 누구인지다. 그러나 서두에 언급하였듯이 〈예천 보문사 삼장보살도〉는 도난 당시 화기 일부가 잘려 나가 불화를 제작한 사람들을 알 수 없다. 불화를 그린 사람들은 대부분 스님으로 화승畵僧이라 하며 혼자 작업하지 않고 주로 화연관계를 맺고 있는 화승들과 팀을 이루어 작업한다. 그러므로 동일한 시기에 인접 지역에서 제작된 불화들과 화풍

본래 자리에서 만나는 기쁨

과 기법을 비교 연구하면 〈예천 보문사 삼장보살도〉를 그린 화승에 대한 실마리를 찾을 수 있지 않을까 생각한다. 〈예천 보문사 삼장보살도〉가 긴 시간 보문사를 떠나 있다가 비로소 제자리에 돌아왔으니 앞으로 조선 불화 연구에 좋은 소재로 활용되어 빛을 발하기 바란다.

사찰에서 문화재를 마주하는 기쁨

코앞 가까이 조명을 비춰 가며 혹시라도 손상된 부분은 없을까 염려하면서 그림을 뚫어져라 보던 자세를 뒤로 하고 멀찍이 떨어져 법당 내부에 앉았다. 열린 양쪽 문을 통해 들어오는 바람이 비로소 느껴지며 등줄기에 흐르던 땀이 식는다. 마침 댕그렁, 흔들리는 풍경風磬이 내는 소리와 함께 바삐 돌아가던 마음의 속도가 늦춰진다. 이제 연구원으로 돌아갈 채비를 하며 한 시간 남짓 마음에 품었던 〈예천 보문사 삼장보살도〉에게 "5년 후에 또 보자!" 인사하며 마음에서 내려놓고 극락보전을 나왔다.

보문사에 도착해 부랴부랴 조사를 시작하느라고 보지 못했던 사찰 산세와 아담한 경내가 이제야 눈에 들어온다. 보문사는 예천군에서 가장 오래된 사찰이라는 명성이 무색하게 오랜 세월 풍파를 맞아 무너지고 다시세워지기를 반복하여, 지금은 소박한 전각만 몇 채가 남아 있다. 스님께 "5년

〈예천 보문사 삼장보살도〉 정기조사 모습

후에 다시 오겠습니다. 건강하십시오"라고 인사하고 연구원으로 복귀하여 이번 정기조사도 무사히 마쳤다.

나는 우리나라 동산문화재 정기조사 업무를 하며 많은 사찰을 다니게 되어 불교미술 전공자로서 소위 '덕업일치'의 삶을 살고 있다. 우리의 귀중한 문화재들을 눈에 담고 가끔 스님과의 대화로 마음을 채울 수 있는 시간이 소중하고, 참 행복하게 느껴진다. 정기조사는 장거리 이동과 현장에서의 업무 탓에 육체적으로 고되지만 그래도 우리나라의 국보와 보물을 살

본래 자리에서 만나는 기쁨

퍼보면서 내가 언제 이렇게 우리나라를 대표하는 문화재들을 볼 수 있을까 하는 뿌듯한 마음으로 나는 오늘도 사명감을 안고 정기조사를 위한 출장길에 나선다. 우리의 귀중한 문화재들이 오래오래 우리와 함께하길 진심으로 바란다.

전란
속에서
지켜낸
초상화

박윤희

보물 〈서경우·서문중 초상〉

2021년 여름, 초상화 보물 두 점의 정기조사를 위해 대전을 출발하여 경기도 포천시 설운동에 소재한 약봉 서성 선생의 종택에 도착했다. 우리는 그곳에서 조선 인조 연간에 우의정을 지낸 서경우 선생의 초상과 그의 손자 서문중 선생의 초상을 만났다. 대구 서씨 문중에서 내려오는 두 점의 초상화가 본관인 대구가 아닌 경기도 포천에 소재하게 된 사연은 서경우의 부친인 약봉藥峯 서성徐渻(1558~1631)의 출사와 관계가 깊다. 조선 초 대제학을 지냈던 서거정의 후손인 서성은 1586년(선조 19) 별시 문과에 급제하여 병조 좌랑兵曹佐郎으로 벼슬길에 오른 후 여러 지역의 관찰사를 지내고, 호조 판서, 형조 판서, 공조 판서와 판중추 부사判中樞府事 등 요직을 두루 거쳤으며, 사후 영의정에 추증되었다. 바로 그의 묘가 경기도 포천시 설운동에 모셔져 있다. 약봉이 포천으로 이주한 후, 훗날 그의 아들이 우의정에, 손자는 영의정에 오르는 등 아홉 명의 정승을 배출해 조선시대 손꼽히는 명문가를 이루었다. 서성은 다섯 아들을 두었는데 그중 한 명인 서경우와 서경우의 손자 서문중을 그린 초상화가 오늘날까지 전하여 2016년 5월 보물로 지정되었다.

만사 서경우의 초상

서경우徐景雨(1573~1645)의 자는 시백施伯, 호는 만사晚沙이다. 그는 1612년

보물〈서경우 초상〉,
비단에 채색,
175.4×98.9cm,
개인 소장

右議政晚沙徐公眞像

전란 속에서 지켜낸 초상화

(광해군 4)에 정주 목사定州牧使가 되었으나 다음 해에 아버지 서성이 계축옥사에 연루되어 유배당하자 벼슬을 버리고 10년간 은퇴했다. 그러다 1623년 인조반정으로 다시 등용되어, 1627년 정묘호란 때에는 강화도로 인조를 호위하며 따라갔고 대사간, 대사헌, 이조 참판, 경기도 관찰사, 도승지 등을 역임하였다. 1643년에는 형조 판서로 성절 겸 진하사聖節兼進賀使(중국 황제의 생일이나 중국 황실에 경사가 있을 때 보낸 축하 사절)가 되어 청나라에 다녀왔다. 이듬해에는 우의정이 되었고, 70세에 기로소耆老所(70세가 넘는 정이품 이상의 문관들을 예우하기 위하여 설치한 기구)에 들어갔다.

전형적인 공신 초상의 화풍으로 그려진 〈서경우 초상〉은 오사모烏紗帽에 흑색 단령團領(깃을 둥글게 만든 관복)을 입은 좌안 칠분면 전신 교의 좌상左顔七分面全身交椅坐像(왼쪽 얼굴이 많이 보이는, 의자에 걸터앉은 전신상)으로서 쌍학흉배雙鶴胸背(한 쌍의 학을 수놓은 사각 표장)를 하고 있다. 초상화 속 서경우의 얼굴은 40대쯤 되어 보이는데, 41세 때인 1613년(광해군 5) 3월 익사 공신翼社功臣으로 훈공이 문서에 오르면서 그려 받은 초상화로 추정된다. 다른 익사 공신들의 초상화와 마찬가지로 〈서경우 초상〉의 특징은 사모의 높이가 낮고, 단령의 옆트임이 직선으로 떨어진 점, 공수拱手 자세를 취한 소매로부터 무릎 부분에 이르기까지 평면으로 처리된 점 등을 들 수 있다. 또한 얼굴 피부 표현의 묘사가 매우 사실적이고 채색을 꼼꼼하게 올린 점에서 궁중 화가의 뛰어난 예술적 기량이 엿보인다. 그런데 임해군 역모 사건을 처리한 공을 세웠던 익사 공신들은 이후 인조반정으로 훈공이 삭제되었다. 이 경우 공신에게 내린 교서는 물론 초상까지 국가에서 수거하여 소각하는 것이 원칙이었다. 그러나 익사 공신 가운데 임장任章, 윤효전尹孝全, 윤승길尹承吉의 공신 초상들처럼 서경우의 공신 초상도 운 좋게 소각을 면했던 것 같다. 서경우가 인조반정 이후 다시 조정의 부름을 받아 우의정까지 지낼 수 있었듯이 그의 초상화도 사라질 운명을 피해 오늘날까지 온전히 살아남아 보물로 지정될 수 있었다.

〈서경우 초상〉과 그 함. 함은 목제이고 크기는 11.8×128.8×13.2cm다.

전란 속에서 지켜낸 초상화

몽어정 서문중의 초상

공무를 볼 때 입던 옷인 시복본時服本 차림 초상의 주인공은 서문중徐
文重(1634~1709)이다. 그는 앞서 말했듯이 서경우의 손자로, 자는 도윤道潤,
호는 몽어정夢漁亭, 시호는 공숙恭肅이다. 증조부가 바로 서성이며, 친조부
는 서경주徐景霌, 친아버지는 남원 부사를 지낸 서정리徐貞履였으나, 서문
중이 당숙 서원리徐元履(함경도 관찰사 역임)에게 입양되었으므로, 서경우가
그의 양조부가 되었다. 서문중은 1657년(효종 8) 생원시에 합격했으며, 1673년
(현종 14) 동몽교관에 임명되었다. 그 뒤 청도 군수·이천 부사·상주 목사를
역임하였다. 그는 1680년(숙종 6) 정시 문과에 장원으로 급제하여 당상관에
올랐고, 예조 참판·도승지·공조 참판·공조 판서·훈련대장·형조 판서·병조
판서를 두루 지냈다. 그는 거듭된 환국換局으로 조정에서 물러나 있다가
나라에 기근이 들었을 때 농가 구제 방안을 마련한 공을 세워 1698년 우의
정에 올랐으며 이후 좌의정을 거쳐 1699년부터 세 차례 영의정을 지냈다.
경제 및 군사 제도에도 조예가 깊은 서문중은 『조야기문朝野記聞』, 『상제례
가범喪祭禮家範』, 『병가승산兵家勝算』 등 많은 저서를 남겼다.

서문중의 초상화는 오사모에 담홍색 시복을 착용하고 삽은대鈒銀帶(조
선시대 정삼품의 벼슬아치가 띠던 허리띠)를 두른 전신 교의 좌상으로, 교의에는

보물 〈서문중 초상〉,
비단에 채색,
155×103.2cm,
개인 소장

領議政夢漁徐公畫像

전란 속에서 지켜낸 초상화

표범 가죽이 덮여 있고, 족 좌대에는 민무늬 돗자리가 깔려 있다. 그림 상
단에 적힌 제목 '영의정몽어서공화상領議政夢漁徐公畫像'에 따르면, 서문중
이 66세로 영의정에 오른 1699년에 그린 것이 되는데 얼굴에 표현된 눈가
의 주름과 검버섯에서 세월의 흔적이 잘 느껴진다. 또한 개성 넘치게 그린
얼굴과 한 올 한 올 그려낸 수염의 섬세한 묘사가 돋보이는데, 특히 길게
자라 삐져나온 하얀 눈썹을 통해서 초상을 그린 화공이 얼마나 사실적인
묘사에 주력하였는지를 알 수 있다. 종가에는 서경우, 서문중의 초상과 함
께 그림을 보관했던 영정함도 전한다. 두 점 모두 조선 중기에 제작된 초
상화 가운데 원형이 잘 보존된 가품佳品에 속하기 때문에 국가지정문화재
보물로 지정될 수 있었다.

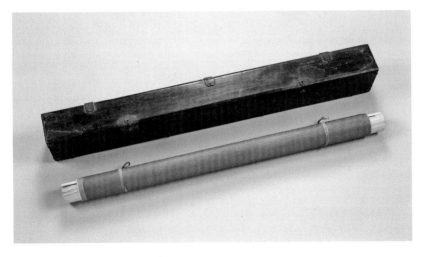

〈서문중 초상〉과 그 함. 함은 목제이고 크기는 11.8×128.8×13.2cm다.

초상화를 지켜낸 후손들의 노력

오랜 시간이 흘렀음에도 두 초상화의 보존 상태가 좋은 까닭은 무엇일까? 이 궁금증은 종손을 찾아뵙고 바로 풀렸다. 대구 서씨 약봉 서성 15대 종손인 서동성徐東晟(1955년생) 씨는 초상화의 정기조사를 나온 우리를 아흔이 넘은 부모님과 함께 반갑게 맞아주었다. 포천에서 골프 연습장을 운영하는 그는 그날도 약봉 선생의 묘역과 사당 주변을 손보는 일을 거르지 않았다. 매일 일과처럼 빠지지 않고 기울이는 정성 덕분에 종택 옆에 위치한 묘소는 깔끔하게 정리된 모습이었다. 서동성 씨는 어린 시절 일찍 세상을 뜬 큰아버지의 양자로 들어가 약봉의 종통宗統을 이어야 했다. 그리고 양자로 보낸 어린 아들을 대신해 생부인 서기원徐基源(1925년생) 씨가 종손의 일들을 맡아서 했다. 명문가의 전통과 명맥을 잇기 위한 헌신적인 노력이었다. 이후 부자는 종가의 대소사뿐만 아니라 지역 사회의 어려운 일에도 발 벗고 나섰고, 그들의 노력 덕분에 집안은 오늘날까지 포천에서 이름난 명문가의 명성을 지킬 수 있었다.

우리는 소소한 규모였지만 깔끔하게 단장된 약봉 선생의 사당과 재실齋室을 둘러본 후 초상화의 상태를 점검하였다. 보물로 지정되고 진행된 첫 번째 정기조사였기 때문에 혹시나 그림에 구김이나 오염은 생기지 않

전란 속에서 지켜낸 초상화

서성 선생 재실

았는지 꼼꼼히 살펴보았으며, 현재의 상태를 정밀하게 기록하기 위해 초고화질 카메라로 촬영도 하였다. 이 광경을 옆에서 묵묵히 지켜보던 종손께서는 한국전쟁에 얽힌 초상화의 사연에 대해 들려주었다. 한국전쟁이 발발한 1950년은 종손이 태어나기 수년 전이었지만, 부친에게서 귀에 못이 박히도록 들었기 때문에 그때 일을 생생하게 전해줄 수 있었다.

휴전선과 멀지 않은 곳에 위치한 포천에는 현재 다수의 군부대가 밀집되어 있는데, 서성 선생의 묘역 뒤에도 담장을 끼고 군부대가 주둔해 있었다. 이 모습에서 쉽게 예상할 수 있듯이 한국전쟁 당시 포천 설운리는 치열한 격전이 있었던 곳이었다. 한탄강을 건너려는 유엔군과 이를 저지하려는 인민군의 치열한 전투가 벌어졌던 것이다. 서성 선생의 종택을 지키던 사람들은 피란길에 오를 수밖에 없었는데, 그때 가장 먼저 챙긴 것이 조상의 초상화였다. 그들은 짐을 줄이고 신속하게 이동해야 했지만 4척(1.2m)이 넘는 커다란 영정함 두 개를 수레에 실은 채 낮에는 산에 숨고 밤에 길을 떠나는 식으로 목숨을 건 피란길을 택했다. 피란길의 여정은 매우 고달팠지만 그 때문에 초상화를 끝까지 지켜낼 수 있었다. 만약 제때 피난하지 못했으면 어떻게 되었을까? 본래 대대손손 내려오던 종택 건물은 규모가 비교적 큰 편이었기 때문에 인민군 사령부로 사용되다가 미군의 폭격을 맞아 전소되었으며, 수백 년간 그곳을 지키던 노송들도 모두 소실되었다고 한다. 만약 초상화를 두고 피란을 떠났다면 종가의 고택과 소나무들이 불에 타 사라졌듯이 조상의 초상화 두 점도 전하지 못했을 것이다. 전쟁 통에 이들이 겪은 고생 덕분에 초상화가 온전한 상태로 남을 수 있었고, 오늘날 보물로 지정될 수 있었다.

멀리서 온 손님들이 초상화를 조사하느라 몇 시간 동안이나 옆에서 부산을 떨고, 종손과 전쟁과 얽힌 이야기를 나누는 동안 양친 두 분은 밖으로 나가 햇볕을 쬐고, 밝은 표정으로 이웃과 대화를 나누었다. 아흔을 넘긴 고령임이 믿기지 않을 정도로 두 분 모두 건강한 모습이었으며, 전쟁의 기

전란 속에서 지켜낸 초상화

억은 다 잊은 듯 무심히 일상의 시간을 보내는 모습에서 편안함까지 느껴졌다. 조사를 마치고 대전으로 돌아오는 길에 어르신들의 인자한 얼굴이 계속해서 떠올랐는데, 말년까지 두 분 모두 건강하고 평온한 일상을 보낼 수 있는 것은 조상을 향한 지극한 마음과 그로 인한 조상의 은덕 덕분이 아닐까, 생각했던 것이 아직까지 기억에 남아 있다.

오늘날까지 전하는 우리의 옛 그림 중에서 많은 수를 차지하는 것이 바로 초상화이다. 2022년 현재, 국보와 보물로 지정된 회화 문화재 가운데 절반 이상을 차지하는 불화를 제외하면 일반 회화류가 150여 점 정도가 되는데, 그중에서 초상화가 81점으로 과반을 차지한다. 성리학을 추종했던 조선시대 유학자들은 '조상이 계신 듯' 정성껏 제사를 지내기 위해 살아생전의 모습을 그린 초상화를 앞다투어 제작했다. 그리고 사당을 세우고 초상화를 봉안하여 제사를 지냄으로써 자식 된 도리를 다했을 뿐 아니라 문중의 결속까지 다졌다. 경모敬慕의 대상 자체인 초상화는 평상시는 물론이고 전란이 생기면 가장 먼저 구해서 챙길 정도로 지극히 모셨다. 이와 같이 조상에 대한 공경의 마음과 후손들의 애틋한 노력 덕분에 여러 차례 전란을 겪으면서도 오늘날까지 많은 초상화들이 안전하게 전해 내려올 수 있었던 것이다.

2

옛사람들의 마음과 삶을 떠올리며

부처님 속에
담은
극락왕생의
염원

김보민

보물 〈광주 자운사 목조아미타여래좌상 수구다라니〉

국립문화재연구원 미술문화재연구실에서는 국가지정 동산문화재를 정기적으로 조사하고 있다. 이 일은 전국 방방곡곡을 돌아다니며 국보와 보물의 상태를 체계적으로 조사하고 그곳의 보관 환경을 점검하는, 말하자면 국보·보물의 '안부'를 살피는 일이다.

2022년 8월 기준으로 국보·보물로 지정된 1636점의 동산문화재를 5년마다 조사해야 하므로 미술문화재연구실의 정기조사팀은 올해 초에도 어김없이 조사 대상 문화재 목록을 확인했다. 그 목록을 살펴보던 중 〈광주光州 자운사紫雲寺 목조아미타여래좌상木造阿彌陀如來坐像 및 복장유물腹藏遺物〉이라는 이름이 내 눈에 들어온 순간, 소중했던 인연을 운명처럼 다시 만난 것 같았다. 나의 석사 학위 논문 주제가 바로 이 불상의 복장 유물 가운데 하나인 〈수구다라니隨求陀羅尼〉였기 때문이다. 이 반가운 이름을 보며 논문을 준비하던 시절의 기억이 새록새록 떠올랐고, 수구다라니에 남다른 애정을 가지고 있었음을 새삼스레 다시 느꼈다.

2022년 여름, 설레는 마음으로 〈광주 자운사 목조아미타여래좌상 수구다라니〉(이하 '〈수구다라니〉')가 소장된 순천 송광사 성보박물관으로 떠났다. 이 글에서는 나와 인연이 깊은 〈자운사 목조아미타여래좌상〉과 그 복장에 들어 있던 〈수구다라니〉의 조사를 계기로 이에 대해 이야기하겠다.

〈광주 자운사 목조아미타여래좌상 수구다라니〉 정기조사 모습

불복장佛腹藏, 나무 조각상에서 부처님으로

광주광역시 동구 지산동에 위치한 자운사 대웅전에는 고려시대의 목조아미타여래좌상이 모셔져 있다. 2000년, 이 불상 안에서 경전·나무함·곡식 등 여러 유물과 다라니가 발견되었다. 왜 불상 안에 이런 유물들이 가득 들어 있었을까? 〈자운사 목조아미타여래좌상〉과 그 복장유물 중 하

부처님 속에 담은 극락왕생의 염원

나인 〈수구다라니〉를 본격적으로 살펴보기 전에 불복장과 다라니가 무엇인지 이야기해 보려 한다.

불복장은 나무로 만든 불상의 속을 파낸 공간을 여러 가지 물건으로 가득 채우는 일을 말하며, 이 물건들을 불복장물이라고 부른다. 이러한 행위는 나무 조각품을 종교적인 성물聖物로 변모시키기 위한 것이다. 불복장물의 종류는 공예품, 경전, 불상과 관련된 기록 등 다양하다. 이 불복장물들은 한번 넣어지면 불상에 금칠을 다시하거나 수리하는 일 등 특별한 일이 없는 이상 꺼내질 수 없기 때문에 타임캡슐과 같은 성격도 지닌다. 그래서 불복장물이 발견될 때는 불교학, 서지학, 역사학, 미술사학, 복식사학 등 다양한 학계가 주목하게 된다.

불복장이 언제 시작되었는지는 정확히 알 수 없다. 석가모니의 고향인 인도에서 기원전부터 불상의 정수리에 작은 홈을 파서, 그 안에 사리를 넣은 것이 시원이라는 이야기가 전한다. 불상 내부를 여러 물건으로 가득 채우는 불복장의 시원은 중국에서 찾을 수 있다. 중국의 대표적인 불복장 사례는 현재 교토京都의 세이료지淸凉寺에 봉안된 불입상이다. 이 불입상은 10세기에 일본의 승려 죠넨奝然이 북송北宋(960~1127)으로 구법 여행을 갔을 당시 조성하여 일본으로 가져온 것이다. 불상 속에서는 경전·동경·다라니 등이 나왔는데, 특히 천으로 만든 간·심장·허파·폐 등 오장육부의 모형이 발견되어 주목을 끌었다.

우리나라 불복장은 고려시대부터 유행한 것으로 알려져 있다. 고려시대 불복장을 살펴보면, 불상 내부를 물건으로 가득 채우는 것은 중국 불복장과 유사하지만 물건의 종류에는 다소 차이가 있다. 고려시대 불보살상 속에서는 오장육부의 모형 대신에 오향五香(부처의 다섯 가지 향기인 침목향, 정향, 곽향, 심향, 유향), 경전, 다라니, 목함 등이 나온다. 고려시대 불복장과 직접 관련된 기록이나 경전이 아직 발견되지 않았기 때문에 불복장의 의미에 대해서는 의견이 분분하다. 하지만 오곡, 방위를 적은 목함 등이 공통적으로 발견되는 것으로 보아 당시에도 불복장에 관한 대체적인 규범이 있었던 것으로 짐작된다. 이후 조선시대에는 대부분의 불상에서 불복장이 발견되며 물건의 종류도 더욱 비슷해진다. 이와 관련해 불복장물의 종류와 납입 방법을 구체적으로 알려주는, 조선시대에 유통된 『조상경造像經』이 현재까지 전해진다. 복장물은 불상을 넘어 조선시대 불화에서도 복장 주머니 형태로 응용되기도 했다.

이러한 불복장물 가운데 가장 많이 발견되는 것이 바로 다라니이다. 원래 다라니는 우리가 흔히 아는 '옴마니반메홈'이나 '수리수리 마수리'처럼

보물 〈광주 자운사 목조아미타여래좌상〉, 고려시대, 높이 87cm, 어깨너비 38cm, 광주 자운사

소원을 성취하기 위해 외우는 불교 주문을 말한다. 다라니의 종류는 매우 다양한데, 그중 몇몇은 중국에서 7세기 이후 암송 이외에도 경전의 지침에 따라 시각화되어 사용되기 시작했다. 즉, 노랫가락처럼 입으로 외우는 다라니의 구절이 종이와 같은 사물 위에 적혀 착용하거나 부착할 수 있는 '물질'이 된 것이다. 사람들은 이러한 다라니를 호신용으로 소지하거나 무덤에 묻었으며, 불상이나 탑 내부와 같은 성스러운 장소에 넣어 두기도 했다.

복장유물과 함께 담긴 사연과 세월

현재 〈자운사 목조아미타여래좌상〉은 표면에 금을 새로 입혀 옛날 얼굴 모습은 자세히 알 수 없다. 하지만 통통하고 온화한 얼굴, 어깨에서 내려오는 옷 주름 형태, 당당히 앉은 자세 등에서 고려 불상의 특색을 볼 수 있다. 불상 안은 금강경, 법화경, 다라니, 불상 중수 기록, 옷 장식품, 작은 경전을 넣은 목갑, 청동 방울, 목함 등으로 가득 차 있었다. 이 유물들은 불상을 다시 금칠할 때 발견되어 세 차례에 걸쳐서 조심스럽게 꺼내졌다. 유물들의 조성 시기는 고려시대부터 조선시대로 그 제작 시대의 폭이 상당히 넓었으며, 재질과 형태도 매우 다양했다. 이러한 복장유물을 하나씩 상세히 들여다보면 불상의 숨은 세월, 시대에 따른 신앙의 형태와 의미 등을 엿볼 수 있다.

부처님 속에 담은 극락왕생의 염원

복장유물 몇 점을 살펴보자. 우선 〈수구다라니〉는 불상 안에서 발견된 유물 중 가장 오래된 연도가 나와 있다. 위쪽에 '如意寶印大隨求陁羅尼梵字軍陁羅相(여의보인대수구다라니범자군다라상)'이라는 다라니의 이름이 있고, 왼쪽 아래 사각 구획 안에는 '大定二十四年甲辰(대정이십사년갑신)'이라는 연대가 있는데, 1184년을 가리킨다. 다라니의 형태를 자세히 살펴보자면, 중앙에는 연화 대좌 위에 둥근 다라니가 올려져 있다. 다라니의 구성은 삼중 원형으로 되어 있고, 중앙에 보관을 쓰고 화려한 보석으로 장식한 보살이 연꽃 위에 왼쪽 무릎을 올린 채 꿇고 앉아 있다. 보살은 왼손에 둥근 형태의 물건을 들고 있다. 옷자락은 바람에 날리듯 표현되었다. 이 보살을 중심으로 범자 다라니가 펼쳐진다. 총 21줄의 나선형 다라니는 보살의 왼손 부근에서 시작하여 시계 방향으로 돌아 나간다. 또한 맨 가장자리에 연꽃 위에 올려진 33개의 밀교 법구와 보살 좌상 등이 배열되어 있다. 이 〈수구다라니〉는 1184년이라는 판각 연대가 찍혀 있어 고려시대 수구다라니의 기준 작품이 되며, 여태껏 잘 알려지지 않았던 우리나라 수구다라니 신앙의 일면을 보여주는 중요한 유물이다.

다음 유물은 고려시대와 조선시대에 불상을 수리한 기록인 「중수기문」과 「중수원문」이다. 우선 「중수기문」은 고려시대에 불상을 수리한 기록이다. 이에 따르면, 불상 수리는 1388년에 나주에서 승려들의 주관하에

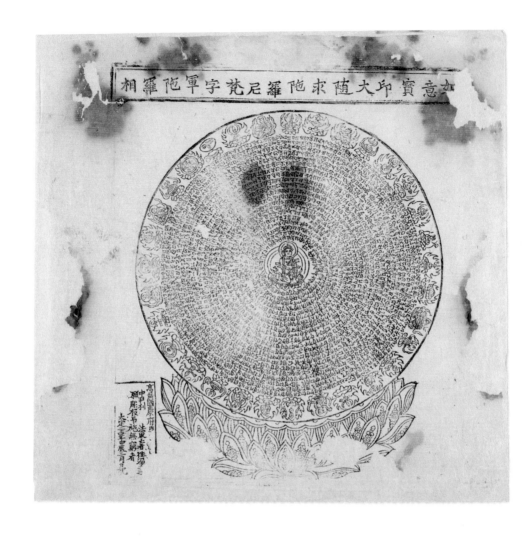

보물 〈광주 자운사 목조아미타여래좌상 수구다라니〉, 1184년 조판(彫版),
종이에 목판 인쇄, 34.5×33.5cm, 순천 송광사 성보박물관 보관

부처님 속에 담은 극락왕생의 염원

보물 「광주 자운사
목조아미타여래좌상 중수기문」
1388년, 종이에 묵서,
19.1×7~20.4cm,
순천 송광사 성보박물관 보관

이루어졌고, 나주 목사 정윤후와 많은 사람들의 시주가 있었다. 여기서 고려시대에 이 불상은 현재 자리인 광주가 아닌 나주 지역에 있었고, 1388년 이전에 만들어졌다는 사실을 알 수 있다.

조선시대의 불상 수리 기록인 「중수원문」에는 더 구체적인 정보가 적혀 있다. 1611년 2월 15일이라는 정확한 불상 수리 날짜와 불상에 금칠을 다시 할 때 쓰였을 황금과 옻칠을 시주한 대표자의 이름이 있다. 그리고 「중수원문」과 함께 발견된 「시주물목」 중에는 불상을 위해 헝겊을 시주했다는 내용이 한글로 쓰여 있어 주목된다. 불상의 수리를 위해 재력가의 황금부터 일반 백성들의 헝겊까지 폭넓은 계층의 사람들이 다양한 물건을 시주했음을 알 수 있다. 또한 불상이 수리된 1611년은 임진왜란과 정유재란 직후 많은 백성들이 사찰 재건과 불상 조성을 위한 후원에 활발히 참여하는 시대적 특징을 보인다. 〈자운사 목조아미타여래좌상〉도 불복장의 기록으로 보아 이러한 시대적 흐름을 보여주며, 시주의 이면에는 불심으로 전쟁의 고난을 극복하고자 하는 백성들의 마음이 담겨 있었을 것이다.

〈수구다라니〉, 극락왕생의 염원을 담아

수구다라니에 대해 좀 더 구체적으로 살펴보자면, 이 다라니는 앞서 언

부처님 속에 담은 극락왕생의 염원

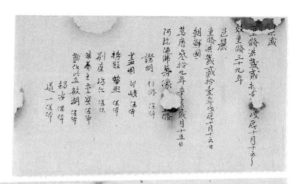

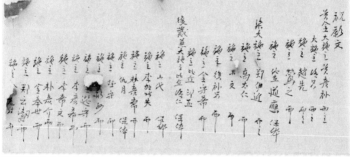

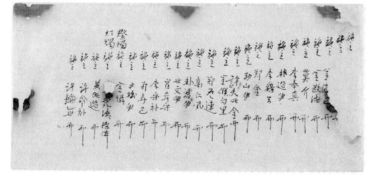

보물 「광주 자운사 목조아미타여래좌상 중수원문」, 1611년, 종이에 묵서,
22.8~24.1×40.4~51.9cm, 순천 송광사 성보박물관 보관

급했듯이 경전의 지침에 따라 시각화되어 사용된 다라니 중 하나이다. 경전에 따르면 수구다라니를 지니고 다니는 사람은 지은 죄가 사라지며, 극락왕생할 수 있다고 한다. 이러한 효험을 발휘하는 수구다라니를 만드는 방법은 비단이나 종이에 다라니 주문을 비롯하여 불교의 신, 꽃이 꽂힌 리본 달린 병, 나팔 등을 그리는 것이다.

수구다라니는 우리나라에서 언제부터 만들어지기 시작했을까? 통일신라 시대의 것으로 보이는 수구다라니 신앙에 관한 기록과 유물이 나오고 있기는 하지만 현재까지 제작 시기를 통일신라 시대로 특정할 수 있는 유물은 아직 없다. 제작 시기가 확실히 밝혀진 것 중 가장 이른 것은 바로 1184년에 지금의 충주 지역에서 만들어진 〈자운사 목조아미타여래좌상〉에서 나온 〈수구다라니〉이다.

중국에서 수구다라니는 우리나라보다 더 이른 시기인 당唐(618~907) 초기부터 만들어졌다. 중국의 당대 수구다라니는 자운사 〈수구다라니〉와 세부적인 형태 및 도상은 다르지만 중앙에 그림을 그리고 다라니를 서사하고, 가장자리에 밀교 법구를 그린 모습은 유사하다. 그런데 당대 수구다라니는 불상이 아닌 무덤 유적에서 주로 발견되었다. 대표적인 예로 쓰촨성四川省의 한 대학 부지의 무덤에서 발견된 수구다라니가 있다. 수구다라

부처님 속에 담은 극락왕생의 염원

니는 시신이 착용한 팔찌 속에 돌돌 말린 채 들어 있었다. 무덤 주인과 장례를 치른 사람들은 극락왕생을 하게 해 준다는 수구다라니의 효험을 잘 알고 죽은 자를 위해 수구다라니를 사용한 것으로 보인다. 다른 당대 무덤에서도 목걸이나 팔찌 같은 장신구에서 수구다라니가 종종 발견되는 것으로 볼 때 당시 장례 풍습에 수구다라니를 넣어 망자의 극락왕생을 비는 행위가 유행했음을 알 수 있다.

우리나라에서도 수구다라니가 무덤에서 발견된 사례가 있지만, 대다수는 자운사 〈수구다라니〉처럼 고려시대 불복장에서 발견되었다. 〈보광사 목조관음보살좌상〉, 〈개심사 아미타불좌상〉, 〈개운사 아미타불좌상〉, 〈해인사 원당암 아미타불좌상〉에서 발견된 수구다라니들이 그런 사례이다. 그중 자운사 〈수구다라니〉의 특징은 확실하다. 중앙의 보살상과 그를 둘러싸는 다라니, 이를 받치고 있는 화려한 연화대좌의 조화는 오직 자운사 〈수구다라니〉에서만 볼 수 있다. 특히 연화대좌는 고려 불화와 고려시대 유물인 〈수덕사 대웅전 목조연화대좌〉와 유사한 모습으로 고려시대 연화대좌의 특징을 고스란히 보여주고 있다.

그렇다면 자운사 〈수구다라니〉를 불상에 넣은 이유는 무엇일까? 그동안 불상 안의 다라니는 불상 안의 물건들을 보호하는 충전재 역할로 주로 언급되었다. 그런데 자운사 〈수구다라니〉는 단순히 충전재로 치부할 수 없다. 〈자운사 목조아미타여래좌상〉에 수십 장씩 넣어진 다른 종류의 다라니에 비해 〈수구다라니〉는 오직 한 장만 나왔고, 유일하게 연대와 제작 장소가 적혀있다. 게다가 〈수구다라니〉에는 "法界忘者往淨土之願(법계망자왕정토지원)"이라는, 죽은 자가 깨끗한 땅에 머물기를 바라는 제작 목적이 분명히 드러나 있다. 이러한 점을 종합하면 1184년, 산 자는 극락왕생에 효험이 있는 수구다라니를 만들어 떠난 이의 명복을 비는 염원을 그 속에 담고, 그 염원을 영원히 간직하고자 살아생전 빌고 의지했던 부처님 안에 넣은 것은 아닐까? 그 덕분에 오늘날 우리는 세월이 지나도 변치 않는 개인의 간절한 염원을 자운사 〈수구다라니〉에서 생생하게 느낄 수 있는 것이다.

부처님 속에 담은 극락왕생의 염원

위엄
속에서
자비를
느끼다

김희진

보물 〈순천 송광사 소조사천왕상〉

순천 송광사의 매표소 주차장에서 길을 따라 올라가면 담벼락을 끼고 있는 독특한 형태의 일주문인 조계문이 나온다. 그 문을 통과하면 삼청교와 그 위에 지어진 우화각이 보인다. 삼청교를 건너가야 비로소 송광사 경내로 들어갈 수 있다. 삼청교를 건너면 우화각과 연결된 것처럼 보이는 건물이 있는데 이것이 천왕문이다. 천왕문 안에는 동서남북 사방을 지키는 사천왕이 자리하고 있다.

천왕문을 들어서는 사람은 누구나 사천왕의 어마어마한 크기, 내려다보는 시선에 담긴 위엄, 천왕문 내부에서 느껴지는 위압감에 놀라지 않을 수 없다. 사천왕상은 앉은 형태임에도 높이가 4m에 달할 만큼 커서 마주하는 사람을 압도한다. 만약 서 있는 모습이라면 어느 정도나 될지 짐작할 수 없다.

사천왕의 치켜올린 눈썹, 부릅뜬 눈과 마주치면 그 눈빛에 위축될 수도 있다. 우락부락한 얼굴, 선명한 이목구비가 험상궂고 사나워 보인다. 하지만 가만히 들여다보면 그 속에는 위압감만이 아닌 자비와 익살스러움 등 다양한 표정이 보인다.

사찰의 수문장 역할을 하는 사천왕에는 많은 이야기가 담겨 있다. 그 이야기를 알게 되면 사천왕이 조금은 다르게 보이지 않을까?

위엄 속에서 자비를 느끼다

보물 〈순천 송광사 소조사천왕상〉 중 동방 지국천왕

사찰의 지킴이, 사천왕상

　사찰의 구조는 불교의 우주관에 의해 수미산須彌山의 구조를 따른다. 수미산 정상에는 제석천帝釋天이 다스린다는 도리천忉利天이 있고, 그 아래는 네 개의 층이 있다고 한다. 그 최하층에 사왕천四王天이 있다. 사왕천은 수미산 중턱의 둘레에 동서남북 네 봉우리로 이뤄져 있다. 사천왕은 이 봉우리마다 식솔들을 거느리고 천궁에 살면서 중생이 사는 사대주四大洲를 하나씩 맡아서 수호하고, 불법佛法을 지킨다. 사찰에서 사왕천을 상징하는 것이 천왕문이다. 천왕문에서 사천왕상은 사찰에 삿된 것이 범접하는 것을 막고, 사찰을 찾는 사람들의 마음속 잡념을 없애주는 역할을 한다.

순천 송광사
천왕문

위엄 속에서 자비를 느끼다

사천왕은 방위에 따라 동방 천왕은 제두뢰타提頭賴吒, 남방 천왕은 비루륵차毘樓勒叉, 서방 천왕은 비루박차毘樓搏叉, 북방 천왕은 비사문毘沙門이라 한다. 범어로 된 원래 명칭을 한역漢譯하면 지국천왕持國天王, 증장천왕增長天王, 광목천왕廣目天王, 다문천왕多聞天王이다. 사천왕의 이름은 맡은 바 특징에 따른 것이며, 사천왕에게는 각각 권속들이 있다.

동방의 지국천왕은 수미산의 동쪽에 살며 동방을 수호한다. 국토를 지키고 중생을 편안하게 해 나라를 지키는 치국治國의 의미로 '지국持國'이라고 한다. 권속으로 건달바乾達婆와 비사사毘舍闍가 있다. 남방의 증장천왕은 수미산의 남쪽에 살며 항상 염부제閻浮提(수미산 남쪽에 있다는 대륙으로, 인간들이 사는 곳)의 중생을 관찰하고 수호한다. 중생의 이익을 넓고 길게 증장시켜 준다고 하여 '증장增長'이라고 한다. 권속으로 구반다鳩槃茶와 벽려다薜荔多가 있다. 서방의 광목천왕은 수미산의 서쪽에 살며 서방을 수호한다. 널리 보고 웅변으로 삿된 것을 물리친다는 의미로 입을 벌리고 눈을 부릅뜨고 있어 '광목廣目'이라고 한다. 권속으로 용龍과 부단나富單那가 있다. 북방의 다문천왕은 수미산의 북쪽에 살며 북방을 수호한다. 많이, 널리, 두루 듣는다 하여 '다문多聞'이라고 한다. 재복과 부귀를 담당하는 재보신財寶神이자 불법을 수호한다. 권속으로 야차夜叉와 나찰羅刹이 있다.

사찰에는 삼문三門이 있는데, 일주문, 천왕문, 해탈문의 순서로 이어진다. 물론 모든 사찰에서 삼문을 갖추고 있는 것은 아니지만 천왕문은 내부분의 사찰에서 볼 수 있다. 천왕문은 전각의 형태로 중간 통로를 기준으로 양쪽으로 사천왕도나 사천왕상을 둘씩 나누어서 봉안한다. 사천왕은 보통 방위나 지물로 구분할 수 있지만 경전마다 달리 표현되었기 때문에 어떤 것이 맞다고 콕 짚어서 말하기는 어렵다.

'표 1'과 '표 2'는 많이 보이는 사천왕의 방위 배치이다. 조선 후기에 제작된 사천왕상은 대부분 '표 2'의 구조로 배치되었다.

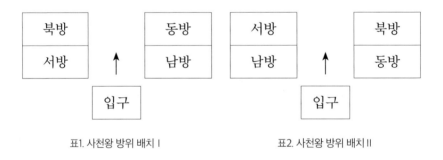

표1. 사천왕 방위 배치 I   표2. 사천왕 방위 배치 II

경전에서 보이는 사천왕의 지물은 비파, 보물, 보검, 창, 보탑, 당幢(끝에 깃발을 늘어뜨린 장대로 불교에서 불보살상의 위엄을 더한다), 동아줄[羂索], 금강저, 활과 화살, 뱀 혹은 용, 보주寶珠, 보서寶鼠(몽구스) 등 매우 다양하다. '표 3' 은 방위와 관계없이 사천왕의 지물 배치를 보여준다. 사천왕의 지물은 경

위엄 속에서 자비를 느끼다

전의 전래와 시대 변천에 따라 다르게 표현되지만, 조선 후기에는 대부분 이 구조를 벗어나지 않는다.

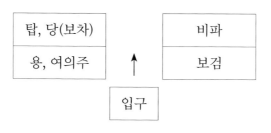

표3. 사천왕 지물 배치

사천왕상은 대부분 앉아서 한쪽 다리를 들고 있는 무인상이다. 이때 사천왕이 딛고 있는 대좌는 악귀의 형상을 한 생령좌가 많다. 이 생령좌에는 천인, 인간, 아귀, 축생 등 살아 있는 것이 모두 들어갈 수 있다. 사천왕이 악귀를 밟고 있는 것은 사천왕이 삿된 것을 제압함과 더불어 사찰을 굳건히 수호함을 보여주는 것이다. 사천왕이 딛고 있는 생령이 물리칠 존재인지 권속인지는 생령의 자세를 보고 구별할 수 있다. 사천왕의 발밑에서 등이나 배가 밟혀 있으면 물리칠 존재이고, 사천왕의 다리나 발을 받치고 있다면 사천왕의 권속이다.

조선시대 사천왕상에서는 악귀 외에도 여러 생령이 사천왕의 발에 밟혀 있다. 청나라 만주족, 일본인, 관리, 여인 등 형태가 다양하다. 만주족이나 일본인 형태는 임진왜란과 병자호란을 겪으면서 우리 민족이 느꼈던 고통과 비극이 반복되지 않기를 바라는 마음이 반영된 것으로 보인다. 조금 더 후기로 가면 관리의 형태가 많아진다. 양반이나 관리의 수탈과 학정이 심해지면서 이들에게 분노하고 벌을 주고 싶은 백성들의 마음이 반영된 것이다.

현재 조선시대 사천왕상은 약 17곳의 사찰에 남아 있다. 1515년(중종 10)에 조성된 〈장흥 보림사 목조사천왕상〉을 제외하고는 대부분 임진왜란 이후에 만들어진 것이다. 임진왜란 때, 일본은 조직적으로 사찰에 방화했고 이 과정에서 사천왕상이 대부분 훼손되었다. 전쟁이 끝난 뒤 사찰들이 복원, 중수되면서 사천왕상도 함께 조성되었다.

순천 송광사 천왕문과 사천왕상

2006년 보물로 지정된 〈순천 송광사 소조사천왕상〉은 세조 때 처음 조성된 것으로 추정되나 정확한 연대는 알 수 없다. 정유재란 때 송광사 전각 대부분이 소실되고, 천왕문과 사천왕상도 훼손되었다. 1609년(광해군 1) 천왕문이 중수되고, 사천왕상은 1628년(인조 6) 중조重造되었다. 중수 당시 응원應圓이 조각승 13명을 이끌고 사천왕상을 제작했다.

위엄 속에서 자비를 느끼다

사천왕은 어떤 삿된 것도 절대 이 문을 통과할 수 없다는 강한 의지를 얼굴과 온몸으로 드러낸다. 그래서 천왕문에 들어서는 이들은 사천왕의 툭 불거진 눈, 험악한 얼굴, 거대한 몸체를 보는 순간 지은 죄가 없어도 등골이 서늘해질 것이다. 거기에 화려하게 채색된 갑옷이 오히려 무시무시함을 극대화한다.

송광사 천왕문의 입구에서 경내를 향했을 때, 오른쪽이 북방 다문천왕과 동방 지국천왕, 왼쪽이 서방 광목천왕과 남방 증장천왕이다. 주불전의

순천 송광사 천왕문 내부

본존을 중심으로 보았을 때 시계 방향으로 북-동-남-서 순으로 배치되었다. 송광사 사천왕상의 방위를 둘러싸고 의견이 분분했는데, 2004년 복상조사를 할 때 사천왕의 방위를 알려 주는 묵서명이 발견되었다. 복장을 봉함하는 봉함목封緘木에 비파를 든 천왕이 북방임을 밝히는 명문이 있었고, 이것은 〈순천 송광사 소조사천왕상〉의 방위를 명확하게 해 주는 근거가 되었다.

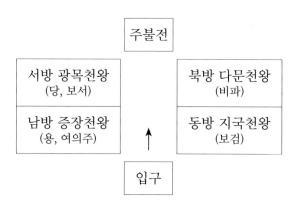

표4. 〈순천 송광사 소조사천왕상〉의 배치와 지물

사천왕은 무인의 복장을 하고 있지만 머리에는 화려하게 장식된 보관을 쓰고, 큰 귀를 따라 머리카락이 흘러내려 있다. 또한 공통적으로 얼굴이 네모졌으며, 눈이 툭 불거졌고, 미간의 주름은 진하고, 코는 주먹코에, 입은 크다.

위엄 속에서 자비를 느끼다

사천왕의 복장을 더 자세히 살펴보자. 사천왕은 갑옷 위에 천의天衣를 걸쳤는데, 천의는 머리 뒤로 광배처럼 펼쳐졌고, 천의 자락 위로 화염이 표현되었다. 팔꿈치에서 옷자락이 펄럭이고, 목에는 두건을 매고 있다. 복갑은 귀면, 일각수 등이 허리띠를 고정하고 있는 것처럼 표현했다. 생령좌는 사천왕의 오른발에 밟힌 악귀와 왼발을 받치고 있는 야차의 모습이다.

사천왕상이 무인상이면서도 이처럼 화려하게 장식되고 채색된 것은 사천왕이 무섭고 위압적인 존재인 것만이 아니라, 중생을 불법 세계로 인도하는 선신善神임을 보여준다.

북방 다문천왕은 천왕문 입구에서 보았을 때 우측 두 번째에 있다. 시선은 약간 아래쪽을 향하며 입을 조금 벌려 이를 살짝 보인다. 머리의 화려한 보관 가운데는 봉황으로 장식하고, 봉황 양옆으로는 황룡과 청룡으로, 그 아래에는 모란과 연꽃으로 장식했다. 왼쪽 넓적다리에 4현의 비파를 올려놓고, 왼손으로 비파를 잡고 오른손은 비파를 타는 듯한 모습을 하고 있다. 비파의 뒷면에는 작은 글자가 빼곡히 적혀 있다.

다문천왕의 오른발은 인간의 형태를 하고 상투를 튼 악귀의 등을 밟고 있다. 왼발은 송곳니와 뿔이 난 악귀의 어깨에 걸쳐져 있다. 이 악귀의 배

보물 〈순천 송광사 소조사천왕상〉 중 북방 다문천왕, 1628년, 순천 송광사 성보박물관

위엄 속에서 자비를 느끼다

보물 〈순천 송광사 소조사천왕상〉 중 동방 지국천왕, 1628년, 순천 송광사 성보박물관

보물 〈순천 송광사 소조사천왕상〉 중 남방 증장천왕, 1628년, 순천 송광사 성보박물관

위엄 속에서 자비를 느끼다

보물 〈순천 송광사 소조사천왕상〉 중 서방 광목천왕, 1628년, 순천 송광사 성보박물관

부분에는 천에 감싸져서 얼굴을 빼꼼히 내밀고 있는 동물이 있다. 사천왕상의 보호를 위해 사천왕상 앞에 창살이 설치되어 있으므로 창살 틈으로 살펴보아야 이 동물을 발견할 수 있다. 이 동물은 족제빗과인 몽구스로 보배로운 쥐라는 뜻의 보서寶鼠라고도 한다.

동방 지국천왕은 다문천왕과 나란히 앉아 있다. 앙다문 입 모양이 씩 웃는 것 같은 표정이라 익살스럽다. 보관은 세 마리의 봉황이 있고, 그 아래로 구름과 연꽃무늬로 장식했다. 왼손은 허리를 짚고 오른손은 검을 들고 있는데, 위협적이기보다는 호탕한 장군의 모습이다.

지국천왕의 오른발은 사람을 닮은 악귀의 배를 밟고 있다. 악귀의 방울 같은 눈, 지나치게 큰 코와 입은 기괴한 느낌을 주며, 역기를 든 듯 접어 올린 악귀의 팔에는 세 손가락의 손이 붙어 있고, 등에는 작은 날개가 달려 있다. 지국천왕의 왼발은 납작한 모자를 쓴 악귀가 받치고 있다. 이 악귀는 눈을 부릅뜨고 입을 앙다물어 충직한 인상의 얼굴이다.

남방 증장천왕은 동방 지국천왕의 맞은편에 있다. 증장천왕은 비스듬히 내린 시선에 굳게 다문 입이 성난 것도 같고 근엄해 보이기도 한다. 머리의 보관은 다문천왕과 마찬가지로 가운데 봉황을 중심으로 양옆에 황

위엄 속에서 자비를 느끼다

룡과 청룡으로 장식했다. 다른 점이 있다면 증장천왕의 보관에 장식된 청룡에는 날개가 있다는 것이다. 증장천왕은 오른손으로 황룡을 움켜쥐었는데, 용은 증장천왕의 팔목을 감고 있다. 또 증장천왕은 왼손의 엄지와 중지로 붉은색 여의주를 쥐고 있다. 손에 쥔 여의주가 마치 작은 구슬 같다. 용은 빼앗긴 여의주가 못내 억울한 표정이다.

증장천왕의 오른발은 손이 뭉툭하고 송곳니가 튀어나온 악귀의 넓적다리를 밟고 있다. 이 악귀는 상투 모양의 작은 모자를 쓰고 있다. 증장천왕의 왼쪽 다리는 눈이 세 개이고 귀 위에 뿔 난 악귀의 어깨에 얹혀 있다.

서방 광목천왕은 증장천왕의 옆에 있다. 광목천왕의 시선은 바깥쪽을 향하며, 입은 뭔가를 말하려는 듯 벌리고 있다. 광목천왕의 보관은 지국천왕의 보관처럼 세 마리의 봉황, 구름, 연꽃무늬로 장식했다. 광목천왕의 복갑은 다른 천왕들의 복갑과 조금 다르다. 다른 세 천왕의 복갑은 귀면鬼面장식이 요대를 물고 있지만 광목천왕의 복갑은 일각수의 머리가 거꾸로 달린 형태로 장식되었다.

일반적으로 당과 탑을 함께 지물로 갖지만, 광목천왕은 오른손으로 당을 쥐고 왼손으로 허리를 짚고 있다. 하지만 광목천왕의 왼손을 자세히 보

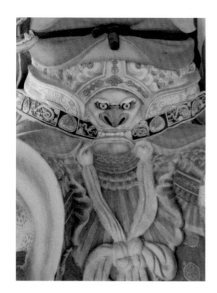

남방 증장천왕(좌)과 서방 광목천왕(우)의 복갑 부분 장식

서방 광목천왕의 왼손에 있는 몽구스

위엄 속에서 자비를 느끼다

면 작은 동물의 머리 하나가 솟아 있다. 거대한 천왕의 기세에 눌린 듯 애처로운 표정을 짓고 있는 이 동물은 보서寶鼠 즉, 몽구스이다. 몽구스는 재물을 가져다준다는 동물로 티베트 불교에서는 입에서 재물을 토해 낸다는 길상의 동물이다.

광목천왕의 오른발 밑에는 도포를 입고 귀 위에 뿔이 난 악귀가 엎드려 있다. 왼쪽 다리를 받치고 있는 악귀는 귀 위에 뿔이 나 있고, 눈이 세 개다. 이 악귀의 왼발은 새의 발처럼 발가락 세 개고 발톱이 뾰족하다.

거대한 사천왕상에 담긴 마음

〈순천 송광사 소조사천왕상〉은 이름에서 알 수 있듯이 나무로 만든 틀 위에 흙을 덧붙여 만든 소조상이다. 이와 같은 대형 소조사천왕상은 임진왜란 이후에 본격적으로 등장한다. 이는 당시의 시대상과 관련이 있다. 임진왜란과 병자호란 당시 승병僧兵의 본거지였던 사찰은 큰 피해를 당한다. 전쟁 중 보여준 승병의 활약 덕분에 전쟁이 끝난 뒤 억불 정책이 다소 완화되었고, 사찰들은 복원중수되었다. 이 과정에서 전쟁을 반대하고 안전을 바라는 백성들의 염원과, 민심을 다스리고 나라를 지키는 호국의 의미를 담은 불사佛事가 이루어졌다. 그것이 사천왕상에서는 대형화로 나타났다.

사천왕상은 목조로 제작되기도 했으나 주로 소조상으로 제작되었다. 소조가 목조보다 더 섬세한 조형이 가능하기 때문이다. 소조는 흙을 사용해서 만들기 때문에 곡선이 매끄럽고, 자연스러운 운동감을 표현할 수 있다. 이는 조선 후기 불교 조각의 특징으로 볼 수 있다. 〈순천 송광사 소조사천왕상〉에도 이런 특징이 잘 나타나 있어 위엄 있고 균형 잡힌 형태를 보여준다. 살짝 숙인 머리와 그 무게를 견디는 목의 구조, 손톱까지 표현하는 사실감, 지물을 지탱하는 손가락의 자연스러움과 균형감 등은 눈여겨볼 만하다.

그러나 남아 있는 소조사천왕상은 많지 않다. 〈순천 송광사 소조사천왕상〉은 조사와 보존이 주기적으로 진행되므로 비교적 상태가 좋다. 따라서 조선시대 사천왕상을 연구하는 데 중요한 자료가 된다. 또한 〈순천 송광사 소조사천왕상〉에서 복장유물이 발견되어 방위와 명칭이 확실해졌다. 특히 다문천왕의 봉함목 묵서명墨書名인 '北方(북방)'을 통해 조선시대 사천왕상의 방위 배치를 명확하게 확인할 수 있었다.

사천왕은 삿된 것으로부터 사찰을 지키는 존재이다. 사천왕문을 지나 경내로 들어가는 것은 진정한 불국 정토로 진입함을 의미한다. 사천왕상의 강렬한 인상, 위압감을 풍기는 거대한 몸체와 무기, 천장이 높고 어두운

위엄 속에서 자비를 느끼다

천왕문 구조는 사찰의 신성함을 부각하고, 사찰을 찾는 이들에게 엄숙함을 느끼게 한다.

  사천왕은 사찰마다 표정, 갑옷 모양, 지물, 장식 등 어느 것 하나 같은 것이 없다. 하지만 사찰에 가보면 사람들은 천왕문에 들어서서 정성껏 인사만 하고 경내로 들어가 버린다. 내가 창살에 붙어 틈새를 들여다보고, 이리저리 살피고, 사진을 찍으면 사람들이 수상한 눈빛으로 쳐다본다. 이제부터 사천왕문을 사찰에 들어가는 통로로만 생각할 것이 아니라 그 안의 사천왕들을 찬찬히 살펴보는 것도 좋지 않을까? 거대한 상을 두 눈에 담아보면서 여기에 얼마나 많은 의미와 염원이 담겨 있는지 떠올려 보자. 전쟁을 겪으면서 느낀 두려움과 생존을 바라는 절실한 마음이 고스란히 묻어날지도 모른다. 사천왕은 힘으로 악한 것을 물리치면서도 약한 인간들을 애잔하게 여기고 있을지도 모른다. 천의 눈빛을 가진 사천왕상, 그 험상궂음 속에서 따뜻하기도, 짓궂기도, 든든하기도 한 눈빛을 꼭 발견하기를 바란다.

평등한
사회,
분재기로
실현하다

이아름

보물 『부안김씨 종중 고문서 일괄』

우리가 흔히 알고 있는 장자 중심의 재산 상속과 제사는 언제부터 시작됐을까? 17세기 초반까지는 남녀 똑같이 상속하는 균분상속과 모든 자손이 돌아가며 제사를 지내는 윤회봉사의 방식이 지속되었다. 그러나 17세기 중반부터 장남이 주로 재산을 상속받고 제사를 지내도록 변화하였다. 이 양상은 가족이나 친척에게 나눠준 재산을 기록한 문서인 분재기分財記에서 찾아볼 수 있다. 특히 보물로 지정된 『부안김씨 종중 고문서 일괄』 속 분재기는 두 시기의 재산 분배 및 제사 방식이 어떻게 다른지 보여준다.

이 글에서는 『부안김씨 종중 고문서 일괄』 속 분재기를 통해 먼저 한 집안이 17세기 초반까지 지켜온 균분상속, 윤회봉사 운영 방식을 살펴본다. 또한 17세기 중반부터 나타난 변화를 소개한 후 이러한 내용이 담긴 고문서들이 문화유산으로서 어떤 가치와 의미가 있는지 이야기하고자 한다.

문서로 기록된 재산 분배, 분재기

조선 전기까지는 고려시대의 재산 상속 제도와 제사 방식이 유지되었다. 1485년(성종 16)에 간행된 『경국대전經國大典』 「형전刑典」 사천조私賤條에는 "부모의 생전에 나눠주지 않은 노비는 자녀의 생몰과 관계없이 나눠준다"라고 하여 남녀 균분상속을 원칙으로 하고 있음을 보여준다. 그리고 이어서 상속인과 피상속인에 따른 상속분을 세밀하게 규정하고 있다. 『경국대전』 사천조에 규정된 내용이 적용된 문서는 분재기이다. 분재기란 재산의 주인이 자녀를 비롯한 가족에게 토지·노비 등의 재산을 상속하거나 분배하여 준 문서이다. 분재기를 작성하는 목적은 유산이 재산 주인의 뜻과 달리 가족 이외의 타인에게 넘어가는 것과 상속 및 분배 후 일어날 수 있는 재산 분쟁을 방지하는 데 있다.

조선시대에는 재산권 행사를 비롯한 법률적 행위는 문서로 작성하는 것을 원칙으로 하였다. 구두로 한 재산 분배는 법적 효력이 없기 때문에 상속 대상자 수만큼 분재기를 작성해 각자 보관하였으며, 분재기에는 재주財主·보증인·집필자의 이름과 서명을 표기하였다.

분재기는 상속의 시기와 방법에 따라 별급別給·분급分給·화회和會·허여許與 등으로 나뉜다. 별급과 허여는 특별한 사유로 재산을 줄 때 작성한 문서이며, 분급은 부모가 살아계실 때 재산을 나눈 문서이고, 화회는 부모가 돌아가신 후에 자식들이 모여서 재산을 나눈 문서이다.

분재기의 내용에는 봉사조奉祀條가 포함되었다. 봉사조는 제사를 받드는 데 쓰기 위해 별도로 떼어둔 재산 항목으로, 집안에서 제사가 지속될

평등한 사회, 분재기로 실현하다

수 있었던 요인이었다. 이를 통해 재산 상속과 제사 형태가 긴밀한 관계에 있음을 알 수 있다.

16세기, 차별 없이 상속받다

우리가 흔히 생각하는 것과 달리 우리의 선조들은 처가나 외가를 구분하지 않았다. 딸이 혼인을 하면 사위가 처가살이를 하거나, 분가하여 딸의 부모와 같은 마을에 사는 경우가 많았다. 이때 장인은 딸과 사위를 위해 집을 마련해 주고 토지와 노비도 주었다. 대체로 17세기 전까지 낙향을 하거나 타읍에 이주할 때 처가 또는 외가를 택했던 것은 이러한 이유였다. 또한 자녀가 없으면 친족을 양녀로 삼는 경우도 많았고, 아들이 없더라도 딸이 있으면 양자를 들이지 않고 딸과 사위에게 제사를 지내게 하고는 했다. 이러한 풍습을 통해 볼 때 딸·아들의 자녀인 친손과 외손의 차이가 있을 수 없었다. 『부안김씨 종중 고문서 일괄』 속 분재기에 있는 사례를 보자.

김경순金景順은 1564년(명종 19) 10월 24일에 강주신姜周臣의 딸과 혼인하였다. 강주신은 딸이 혼인하자 결혼 당일 딸에게 논과 노비를 증여하였고, 처삼촌 강주보姜周輔는 조카사위인 김경순에게 논을 증여하였다.

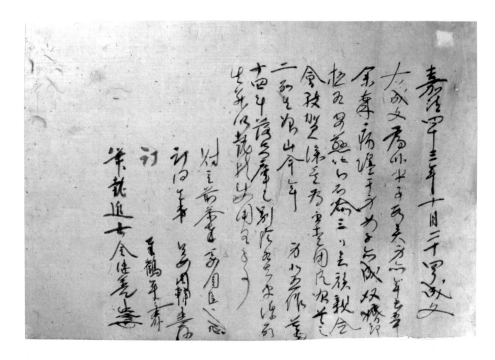

1564년 아버지가 딸에게 증여하는 별급 문기, 보물 『부안김씨 종중 고문서 일괄』
1564년, 39.5×56.5cm, 개인 소장

1564년의 두 별급 문기(94, 95쪽)를 살펴보면 강주신은 50세가 되도록 딸이 혼인하지 않다가 결혼하게 되자 크게 축하하는 의미로 딸에게 노비 한 명과 논 14마지기를 증여하였다(94쪽 문서). 또한 자식이 없던 강주보는 자신과 같이 살면서 효성스럽게 봉양한 조카딸이 결혼하게 되어 조카사위인 김경순에게 논 16마지기를 증여하였다. 김경순이 증여받을 수 있었던 것은 김경순 부부가 강주보 내외를 모시고 살았기 때문이다(95쪽 문서).

평등한 사회, 분재기로 실현하다

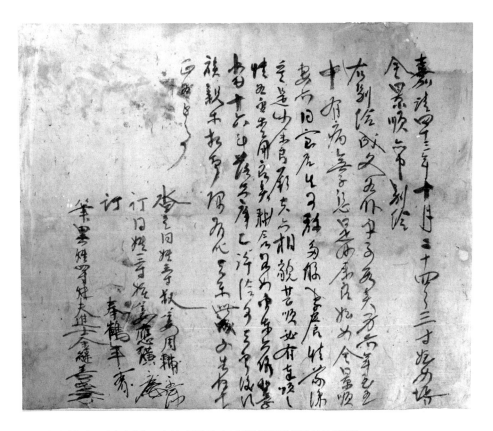

1564년 처삼촌이 조카사위에게 증여하는 별급 문기, 보물 『부안김씨 종중 고문서 일괄』
1564년, 48.0×54.0cm, 개인 소장

　이렇듯 17세기까지 사위는 처가에서 그 집안의 아들과 똑같이 재산상
의 권리를 누렸고, 제사의 의무를 졌다. 따라서 사위가 처가의 터전을 이어
받거나 딸과 사위를 포함한 외손도 제사를 지내는 경우가 흔했다.

다음으로는 부안김씨의 다른 일원이 외가에서 재산을 상속받은 사례를 살펴보자. 김경순의 조부 김석필金錫弼은 1506년(연산군 12)에 외삼촌인 신말수辛末粹와 외숙모 이씨李氏에게 총 세 번 노비를 증여받았다.

이 문서(97쪽)에 따르면 김석필의 외숙인 의금부 도사 신말수와 외숙모 이씨는, 김석필이 조실부모하여 외가에서 자랐으나 정의情義가 깊고 생원과 문과에 올라 가문을 빛냈다면서, 김석필의 어머니 쪽 노비 두 명을 분배해 주었음을 알 수 있다. 또 다른 문서(98쪽)에는 외숙인 신말수의 아버지 쪽에서 물려받았으나 재산 분배 과정에서 누락되었던 노비를 1506년 김석필에게 증여하였다. 모변母邊이나 부변父邊 전래 노비의 경우 외가나 처가 쪽 사람들에게도 해당 노비에 대한 일정한 소유권이 있었음을 보여준다.

두 문서에서는 당시 친손·외손의 구별이 아직 나타나지 않았기 때문에 집안에서 재산 분배를 할 때 외손도 분배받는 명단에 포함될 수 있었음이 나타나 있으며, 또한 재산 상속에 따른 외손봉사도 함께 이루어졌음을 알 수 있다.

16세기, 서자도 상속받다

조선은 신분제를 기반으로 운영된 사회였다. 사회 신분은 크게 양민과

평등한 사회, 분재기로 실현하다

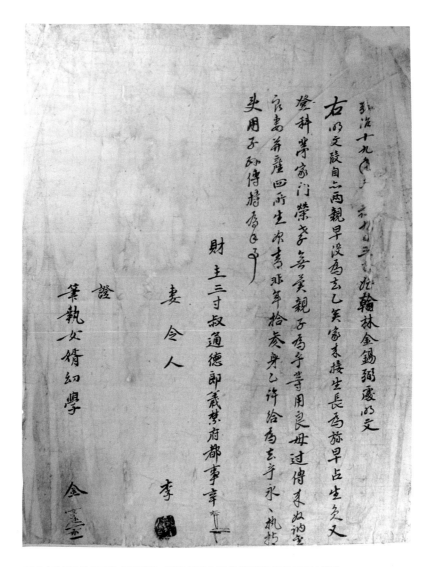

1506년 외삼촌이 조카에게 증여하는 별급 문기, 보물『부안김씨 종중 고문서 일괄』
1506년, 75.0×55.5cm, 개인 소장

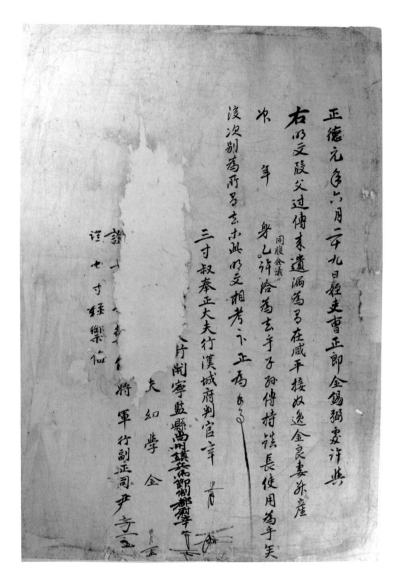

1506년 외삼촌이 조카에게 증여하는 별급 문기, 보물 『부안김씨 종중 고문서 일괄』
1506년, 79.5×53.0cm, 개인 소장

평등한 사회, 분재기로 실현하다

천민으로 구분되었으며, 양민은 다시 양반·중인·양인으로 나눠져 사실상 양반·중인·양인·천민으로 구분되었다. 서자庶子는 양반의 혈통을 받았지만 어머니가 첩이었기 때문에 양반의 지위를 누리지 못하였다. 특히 유학 사상이 이념이 되고, 사대부들에 의해 지배신분이 양분화되면서 차별이 엄격해졌다.

그러나 『경국대전』의 상속 규정에서는 적처嫡妻 소생일 경우 "제사를 지내는 자손에게 1/5을 더 주고, 서자에 대한 차별로 양민인 첩의 자녀에게 1/7, 천민인 첩의 자녀에게 1/10을 준다"라고 명하고 있다. 재산 상속에서는 적자·서자 차별은 있었지만 서자도 상속 대상에 포함되었음을 알 수 있다. 이러한 규정이 정말 이뤄졌는지 보여주는 사례를 살펴보자.

1588년(선조 21)에 김석필의 아들 김개金漑가 서자인 막내아들 김경수金景壽에게 노비를 증여하는 문서이다.

만력 16년 무자 4월 25일 아들 김경수에게 주는 명문의 내용은 다음과 같다. 너는 어려서부터 효성스러웠으니 이는 타고난 천성이다. 내가 지병으로 오랫동안 자리에 누워 고통받을 때, 너는 옷의 띠를 풀지 않고 낮이나 밤이나 내 곁을 떠나지 않으며 항상 탕약을 공손히 올리곤 했으니 비록 부자

지간의 은혜와 사랑이라 해도 그 공이 크다. 게다가 이번에는 멀리 한양에 있으면서도 효성을 더욱 더하여 내 병에 듣는 약을 분주히 명의明醫에서 구하여 연달아 지어 올렸고 병든 입맛에 맞는 진미를 늘 보내왔다. 이렇듯 효로써 봉양하는 공을 보상해 주지 않을 수 없으므로 아버지 쪽에서 물려받은 계집종 사고이沙古伊가 낳은 계집종 회금지懷今之의 첫 번째 소생인 계집종 복덕卜德과 이후 복덕이 낳을 자식들까지 영원히 너에게 준다.

이 문서에는 두 가지 특징이 드러난다. 첫 번째는 서자에게도 재산을 증여했다는 점이다. 앞서 살펴본 『경국대전』 상속 규정처럼 조정의 보호 아래 서자에 대한 증여를 지켜주었다. 대부분 집안에서도 서자를 재산 상속 대상에 포함하였다.

두 번째는 상속의 이유가 분명했다는 점이다. 이 문서를 보면, 김개는 효성을 치하하는 의미로 김경수에게 재산을 증여하였다. 당시에는 이처럼 조상 또는 부모에게 자손의 의무를 어떻게 다했는지에 따라 재산을 차등 분배해 주었는데, 부모에게 효도를 얼마나 했는지, 편찮으실 때 어느 정도 찾아뵈었는지 등 이런 점들을 기준으로 별급을 통해 지급하였다.

평등한 사회, 분재기로 실현하다

17세기 중반, 적장자 중심으로의 변화

조선 전기를 거쳐 17세기 중반이 되면 균분상속이 서서히 균열을 일으키기 시작한다. 조선 사회는 임진왜란·병자호란 등 전란을 겪은 후 예학禮學이 발달하면서 조상에 올리는 제사를 더욱 중시하였고, 여성들의 평등권을 박탈하였다.

조선 후기에는 이제 출가한 여성에게 재산을 균분상속하지 않았다. 그리고 출가외인의 개념이 강화되어 더 이상 친정 조상을 돌아 맡는 윤회를 하지 않았다. 또한 장자 중심의 가치관이 강화되어 제사를 모시는 장자에게 더 많은 재산을 물려주게 되었고, 서자는 제사와 재산 분배에서 배제되었다. 이런 특징이 나타난 문서를 살펴보자.

기유년 11월 11일 후손에게 전하는 문서는 다음과 같다.

여자는 출가한 다음에는 곧 다른 가문의 사람이 되어 지아비를 따르는 의리가 무겁다. 그러므로 성인이 예의를 제정함에 등위를 낮춘 것이다. 그런데 정情과 의義가 모두 가벼워져, 세간의 사대부 집안에서 제사를 사위의 집안에게 윤행을 하는 경우가 종종 있다. 항상 보건대, 사람들의 사위와 외손 등이 제사를 미루거나 빠트리는 경우가 많다. 비록 하더라도 제물이 정결하지 않거나 예의가 공경스럽지 않아 도리어 행하지 것만 못하다. … 여자는 토지와 노비를 3분의 1만 나눠준다. 이는 성과 의에 전혀 불가할 것이 없으니, 여자 및 외손 들은 어찌 감히 이 뜻을 어기고 분쟁할 마음을 품겠는가.

이 문서는 김명열金命說이 1669년(현종 10)에 사위와 외손 들이 제사를 미루거나 빠트리는 경우가 많고, 예의가 공경스럽지 않기 때문에 종가에서만 제사를 지내도록 후손에게 당부하는 문서이다. 김명열은 제사 봉행과 재산 분배에 대한 새로운 규정을 마련하였으며, 현실적인 필요보다는 예의를 이유로 내세웠다. 이러한 과도기를 거쳐 장자 중심의 재산 상속 및 봉사제가 확립된 것이다.

고문서의 가치와 의미

부안김씨 종중에서 전해 내려오는 고문서는 6종 80점이며, 1986년에 보물로 지정되었다. 그 가운데 분재기에는 17세기를 전후로 나타난 재산 분배 방식이나 제사 봉행 방식의 변화뿐만 아니라 당시 사람들의 가족에 대한 애정 이야기, 조상에 대한 효 이야기, 지극한 자식 사랑 이야기도 담겨 있다. 그러므로 분재기를 통해 부안김씨 가문의 경제 사정은 물론, 당시 가족 제도와 사회 구조, 사회 변동까지도 규명할 수 있을 것이다.

평등한 사회, 분재기로 실현하다

이번에 부안김씨 종중 고문서를 조사하면서 그간 잊고 있었던 고문서의 중요성을 다시 생각해 볼 수 있었다. 고문서는 한 집안의 정치·경제·사회적 성장과 교유, 그리고 지역 사회에서의 위치를 보여주는 자료로만 그치지 않는다. 또한 조정과 지배층에 편중된 사료와 달리, 당시 사람들의 생활상과 문화를 세밀하게 들여다보고 짐작할 수 있는 중요한 자료이다. 우리 조상들의 삶의 산물인 동시에 삶을 비추는 거울이라고 할 수 있다. 이렇듯 고문서는 당시 사회를 이해하고 연구하는 데 필수적인 자료들이 무궁무진하게 담긴 보물 창고이다. 앞으로 더 많은 고문서들이 문화재로 지정되어 잘 관리되면서 우리 조상들의 과거를 환히 비춰주기를 진심으로 바란다.

3

왜 국가가 관리하는
문화재일까

한 선비의
구구절절한
일상
이야기

신관호

보물 『미암일기』 및 〈미암집목판〉

올해 정기조사 대상 문화재 가운데 『미암일기眉巖日記』를 확인한 순간 '이건 운명이다'라는 생각이 들었다. 나의 학위 논문 연구 대상이 바로 『미암일기』였기 때문이다. 그래서 설레는 마음으로 조사 준비를 하였다. 조사 당일 『미암일기』를 만나러 가는 길에 비가 추적추적 내리더니 목적지에 도착할 즈음 비가 그치고 선선한 날씨가 되었다.

『미암일기』는 『미암집眉巖集』 목판 396판과 함께 1963년에 보물로 지정되었으며, 현재 전라남도 담양군 대덕면에 소재한 미암박물관에 소장되어 있다. 미암박물관이 건립되기 전에는 1957년에 후손들이 주도하여 건립한 모현관慕賢館에서 『미암일기』를 보관하였다. 건립 당시 후손들은 유물의 화재와 도난을 우려하여 인공 호수 위에 모현관을 지었다. 모현관 뒤편에는 유희춘을 모신 미암사당이 있다.

미암박물관은 보물 『미암일기』와 『미암집』 목판을 비롯하여 선산 유씨 종가에서 소장하던 『선산유씨세보善山柳氏世譜』, 『죽천집竹川集』 등 선산 유씨 가문과 관련된 고서 및 고문서, 유희춘을 배향한 의암서원에 관련된 다양한 자료를 소장·전시하고 있다. 미암박물관 맞은편에는 연계정漣溪亭이 있다. 이곳은 유희춘이 말년에 담양으로 내려와 제자들을 가르치던 정자로, 임진왜란 때 소실되었다가 후대에 중건되었다.

미암박물관 모현관 전경

유희춘, 보물 『미암일기』 조선시대, 47.5cm×32.2cm 등, 담양 미암박물관

한 선비의 구구절절한 일상 이야기

미암 유희춘은 누구인가

유희춘(1513~1577)의 본관은 선산善山이며, 자는 인중仁中, 호는 미암眉巖이다. 미암이란 호는 해남 금강산 기슭에 있는 미암 바위의 이름을 따서 스스로 붙인 것이다. 유희춘은 1513년(중종 8) 해남현에서 아버지 유계린柳桂隣(1478~1528)과 어머니 나주 최씨 사이에서 태어났다. 아버지 유계린은 호남 삼걸 중 한 명인 최산두崔山斗(1483~1536)의 제자였고, 어머니는 『표해록漂海錄』을 지은 최부崔溥(1454~1504)의 딸이었다. 유희춘의 형은 최산두, 윤구尹衢(1495~?)와 함께 호남 삼걸로 지칭되는 유성춘柳成春(1495~1522)이다. 유성춘은 1514년(중종 9) 문과에 급제한 후 공조 좌랑工曹佐郎·이조 좌랑吏曹佐郎·이조 정랑吏曹正郎 등을 지냈다. 하지만 기묘사화己卯士禍에 연루되어 유배되었고, 유배에서 풀려난 뒤 28세에 요절하였다.

유희춘은 아버지와 외조부에게 가학家學으로 학문을 전수받고, 최산두·김안국 등을 스승으로 섬기면서 학문을 갈고 닦았다. 그는 1537년(중종 16)에 생원시에 합격하고 다음 해에 문과에 급제하여 관직에 나아갔다. 성균관 학유, 예문관 검열, 세자시강원 설서, 홍문관 수찬, 무장 현감 등을 역임하다가 을사사화 때 대사간 김광준金光準(?~1553)의 말을 듣지 않아 파직되었다. 2년 후에는 문정왕후의 동생인 윤원형을 중심으로 한 세력이 역모를 이유로 반대파를 숙청한 양재역良才驛 벽서 사건에 연루되어 제주도로 유배되었다. 얼마 후 제주도가 유희춘의 고향 해남과 가깝다는 이유로 함경도 종성鍾城으로 유배지가 옮겨졌다.

유희춘은 유배를 당하는 곤경에 처하였으나 뜻을 지켜 유배지에서 교육과 저술 활동에 힘썼다. 이에 대하여 그는 『미암일기』에 회상하기를, 유배지에서 돌아온 후 경연經筵 자리에서 '유배지에서 십 년의 공을 들어 사서四書를 연구하였다'고 하였고, 『속몽구續蒙求』를 간행할 때는 '17년 공을 들였다'고 하였다. 유희춘은 종성에서 19년간 유배 생활을 하였다. 그곳은 변방 지역으로 글을 배우는 사람이 드물었으나, 유희춘이 교육을 행한 이후 글을 읽는 선비가 많아졌다고 한다.

1565년(명종 20)에 문정 왕후가 죽자 윤원형을 내쫓자는 공론이 일어나면서 을사 사림들의 신원이 회복되었다. 유희춘도 53세에 함경도 종성에서 충청도 은진恩津으로 이배되고 2년 뒤인 1567년에 선조의 즉위와 함께 유배에서 풀려나 그해 10월 경연관 겸 성균관 직강에 제수되어 서울로 올라가 다시 관직 생활을 하게 되었다.

서울로 올라간 유희춘은 경연 자리에서 임금에게 유학儒學을 강의하고

한 선비의 구구절절한 일상 이야기

1571년 전라 감사에 제수되었다가 그해 10월 대사헌에 임명된 뒤로 대사성, 대사간, 부제학, 예조 참판, 이조 참판 등 중요한 자리에 올랐다.

그 후 유희춘은 사화로 인해 희생된 사람들의 신원을 회복시키는 일에 참여하였으며, 선조의 명을 받아 『국조유선록國朝儒先錄』을 편찬하고 경서經書의 한자 어구에 토를 달거나 경서를 한글로 번역하는 일을 하였다. 그의 저술로는 『국조유선록』을 비롯하여 『대전집람大全集覽』, 『어류주해語類註解』, 『속휘변續諱辨』, 『강목고이綱目考異』, 『역대요록歷代要錄』, 『속몽구』, 『천해록川海錄』, 『양성변兩聖辨』, 『완심도玩心圖』 등이 있었다고 하지만 『국조유선록』, 『역대요록』, 『속몽구』만 전해진다.

실록 참고 자료가 된 폭넓고 자세한 기록

『미암일기』는 유희춘이 55세가 되던 1567년(명종 22) 10월 1일부터 세상을 떠나기 보름 전인 1577년(선조 10)까지 11년에 걸쳐 쓴 일기이다. 원래 14책으로 추정되나 11책만 전해진다. 일기의 내용이 모두 남았다면 조선의 생활상을 더욱 자세히 알 수 있었을 것이다. 그러나 유희춘이 고향에서 죽음을 맞이한 것이 아니라 관직 생활을 한 한양에서 죽었기에 정확한 유품을 수집할 수 없었거나, 전래되면서 소실된 것 같다. 그리고 남은 11책

가운데 1책은 미암 유희춘과 그의 부인 홍주 송씨 송덕봉宋德峯의 시문詩文을 모아서 필사한 책이다. 두 사람의 작품을 모아 책으로 엮을 만큼 부인 송덕봉도 여류 문인으로서 뛰어난 문장 실력을 갖추었다. 친필로 작성한 일기에 기록된 날짜를 정리해 보면 다음과 같다.

책 수	일자
제1책	1567년(丁卯) 10월 1일~1568년(戊辰) 3월 29일
제2책	1568년(戊辰) 3월 29일~12월 5일
제3책	1569년(己巳) 5월 22일~12월 30일
제4책	1570년(庚午) 4월 24일~7월 8일
제5책	1570년(庚午) 7월 9일~12월 25일
제6책	1570년(庚午) 12월 26일~1571년(辛未) 12월 3일
제7책	1572년(壬申) 9월 1일~1573년(癸酉) 5월 26일
제8책	1573년(癸酉) 6월 1일~12월 30일
제9책	1574년(甲戌) 1월 1일~9월 26일
제10책	1575년(乙亥) 10월 27일~1576년(丙子) 7월 29일
제11책	부록(유희춘과 부인 송씨의 시문, 기타 잡록)

표5. 『미암일기』 책별 기록된 일자

일기에 기록된 날짜를 살펴보면 소실되어 빠진 날도 많다. 소실된 부분을 채워주는 자료가 바로 유희춘의 문집인 『미암집』이다. 『미암집』은 처음 1612년 시고詩稿 1권 분량으로 간행하였다. 이후 9대손 유경심柳慶深이 주

한 선비의 구구절절한 일상 이야기

『미암집』 목판 전시

『미암집』 목판

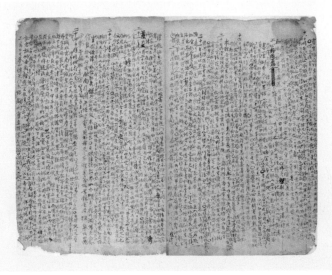

『미암일기』 내지 일부

한 선비의 구구절절한 일상 이야기

도하여 편집하고, 노사蘆沙 기정진奇正鎭(1798~1879)의 교정을 받았으나 유경심의 사망으로 진행이 중단되었다가 사손嗣孫 유정식柳廷植이 다시 시작하여 1869년에 간행되었다. 21권 10책으로 구성되었는데, 권5~18에는 『미암일기』 내용을 수록하였다. 권5~14는 '일기'라는 제목으로 일기의 전반적인 내용을 편집하여 수록하였고, 권15~18은 '경연일기經筵日記'라는 제목으로 유희춘이 조정에 나아가 경연 활동을 한 내용을 주로 편집하여 수록하였다. 『미암일기』와 『미암집』에 수록된 내용을 비교해 보면, 1574년부터 1577년까지 모든 일자가 기록된 것은 아니지만 일기에 빠진 날을 문집에서는 확인할 수 있어 유희춘의 삶을 더욱 자세히 알 수 있다.

『미암일기』와 『미암집』에는 유희춘의 개인 일상뿐만 아니라 집안의 대소사, 가계의 수입과 지출, 천문과 날씨 등도 자세히 기록되어 있다. 몇 가지 기록을 살펴보자.

- 나는 냉수로 목욕을 했다. 재계를 하기 위해서이다.
- 장기將棋에 팔려서 글 읽기를 게을리했다.
- 노비들이 광흥창에 나라에서 주는 녹봉 쌀 8섬, 콩 7섬, 명주 2필, 삼베 3필을 받아 왔다. 중국에서 사신이 온다고 쌀 1섬을 감했다.
- 녹봉은 먹고살기에 부족하다.

- 허준을 위해 이조판서에게 편지를 보냈다. 내의원으로 천거해 준 것이다.
- 홍문이 태만하여 글을 읽지 않으므로 내가 손수 네 번의 매를 때렸다.
- 부인의 편지가 왔는데 전번에 주인의 종아이를 문밖에서 범이 덮쳐 갔다고 한다. 놀라운 일이다.
- 경연장에서 임금이 내린 술을 마시고 선비들이 술에 취해 비틀댔다.
- 장지 3권으로 『천해록川海錄』 3책을 만들었다.

이 외에도 부인 송덕봉이 유배된 유희춘을 조곤조곤 타이르는 시, 부부의 건강을 염려하여 질병의 증상이 보일 때마다 증세를 일일이 기록한 내용, 가족들이 꾼 꿈을 매번 기록하고 길몽인지 흉몽인지 점친 내용, 첩妾이 낳은 딸들을 좋은 데에 혼인시키려고 애쓴 내용 등 아내 송덕봉과 자식들에 대해서뿐만 아니라, 주변 인물들과 주고받은 생선·젓갈 등 물품까지 상세히 기록되어서, 11년 동안 펼쳐진 한 선비의 생애를 낱낱이 볼 수 있다.

『미암일기』는 국정부터 개인의 세세한 사실까지 기록되었기 때문에 임진왜란으로 불타버린 『승정원일기承政院日記』 등을 대신하여 율곡 이이의 『경연일기』와 함께 『선조실록』 첫 10년을 집필하는 데 참고 자료로 활용되었다. 또한 16세기 조선시대의 생활상뿐만 아니라 조선시대 각 관서의 기능과 관리들의 내면생활, 사회, 경제, 문화, 풍속 등을 자세하게 보여

한 선비의 구구절절한 일상 이야기

주므로 『미암일기』는 역사학, 문학, 의학, 서지학 등 다양한 분야에서 다양한 주제의 연구 대상으로 활용되는 귀중한 자료이다.

유희춘의 열정을 느끼며

과거에 나의 연구 대상이었다가 바쁜 일상 때문에 멀어졌던 『미암일기』를 이번 정기조사에서 다시 볼 수 있어서 감회가 새로웠다. 『미암일기』를 연구할 당시에도 그 방대한 기록을 보고 놀랐는데 실물을 직접 보니 더

『미암일기』 정기조사 모습

욱 놀라웠다. 11책이라는 책 수 때문에 『미암일기』에 담긴 내용이 적다고 생각할 수 있지만, 촘촘하게 적힌 글자들을 보고 있으면 "와!" 하는 감탄사가 저절로 나온다. 조선시대에는 기록을 중시했기 때문에 왕실이나 국가기관에서 많은 인력과 물자를 동원하여 『조선왕조실록朝鮮王朝實錄』, 『승정원일기』 등 방대한 양의 기록물을 만들었다. 그러나 개인의 기록으로 10년이 넘는 기간을 남기는 것은 쉽지 않은 일이다. 현대에도 10년 이상 일기를 쓴 사람을 쉽게 찾을 수 없기에 『미암일기』를 보는 순간 기록에 대한 유희춘의 열정을 느낄 수 있었다.

『미암일기』를 조사하면서 과거 개인의 일상을 오래 기록한 일기 자료들이 더욱더 세상에 알려진다면 지금까지 제대로 알려지지 않은, 일기에 기록된 그 시대를 다양한 관점에서 바라볼 수 있는 기회가 생길 것이라는 생각이 들었다. 그리고 기록할 당시에는 중요하지 않다고 여긴 일상이 기록도 먼 미래에는 그 당시를 설명해 주는 중요한 자료가 될 수 있다는 사실을 또 한 번 마음에 새겼다. 유희춘도 『미암일기』를 기록하면서 자신의 기록이 후대에 중요한 문화유산이 되리라고는 생각하지 못했을 것이기에 한 시대의 일상을 적은 일기 자료의 중요성을 다시금 깨달은 조사였다.

한 선비의 구구절절한 일상 이야기

놀라운
효행을
선명히
알리다

박지영

보물『삼강행실효자도』

몇 해 전 시할아버지의 아흔다섯 번째 생신 잔치에서 있었던 일이다. 시할아버지께서 맞은편에 앉은 막내아들에게 말씀하셨다.

"아들아, 노래 한 곡 해봐라."

그러자 머리가 희끗한 막내아들이 대답했다.

"아부지, 저도 이제 환갑이어라."

환갑이 다 된 막내아들의 애교에 시할아버지는 함박웃음을 지으셨고, 증손주들이 열띤 춤과 노래로 장기 자랑을 펼치면서 잔치 분위기가 무르익었다. 그 모습을 보면서 나이 많은 아들이 부모에게 어리광을 피우며 효도했다는 이야기가 떠올랐다. 『삼강행실도』에 수록된 「노래반의老萊斑衣」 고사다. 이 이야기의 주인공인 노래자老萊子는 초楚나라 사람으로 백 세의 부모를 기쁘게 해 드리기 위해 일흔의 나이에도 색동옷을 입고 재롱을 부렸다고 한다. 노래자의 효행담은 2천여 년 전에 만들어진 중국의 화상석畵像石에 새겨질 정도로 잘 알려진 옛날이야기이다.

노래자의 효행 고사처럼 『삼강행실도』에는 우리나라와 중국에서 오래

놀라운 효행을 선명히 알리다

「노래반의」
『삼강행실효자도』
반곽 26×17cm,
고려대학교도서관
만송문고

〈노래자오친도
(老萊子娛親圖)〉,
무량사 화상석 탁본,
중국 동한,
국립중앙박물관

전부터 효행으로 널리 알려진 사람들의 이야기가 담겼다. 문왕이 하루 세 번 꼬박 부왕父王에게 문안 인사를 드리거나(문왕문안文王問安), 더운 여름날 부모의 베개에 미리 부채질을 해두어 시원하게 주무시도록 했다거나(황향선침黃香扇枕), 아픈 부모를 살리기 위해 다리 살을 베거나(위초할고尉貂割股), 노모의 음식을 빼앗아 먹는 자기의 아들을 땅에 묻으려 했다는(곽거매자郭巨埋子) 고사들이 그것이다. 고사에 담긴 효도의 모습은 오늘날의 눈높이와는 사뭇 다르지만, 그 고사들은 오랫동안 사람들 사이에 회자되면서 글과 그림으로 전해져 왔다. 『삼강행실도』를 읽으면서 어디선가 들어본 듯한 느낌을 받는 이유는 이 때문일 것이다.

아버지 살해 사건 때문에 편찬되다

『삼강행실도』는 세종의 명으로 만들어졌다. 넓게 보면 이 책은 세종이 조선이라는 새로운 나라의 기틀을 다지고 성리학 질서를 정착시키기 위해 편찬한 여러 서적 중 하나이다. 『삼강행실도』 편찬에 직접적인 계기가 된 것은, 1428년 김화金禾라는 사람이 자신의 아버지를 살해한 사건이다. 이 사건에 대해 들은 세종이 얼마나 충격을 받았던지 『세종실록』에 "깜짝 놀라 낯빛이 변하였으며 자책하였다"라고 기록되었다. 곧이어 세종은 풍속을 정비할 방안을 논의하였고 신하들의 간언에 따라 고려 말에 만들어진 『효행록孝行錄』을 다시 간행하도록 명하였다. 『효행록』은 고려 말에 권보(1262~1346)와 권준(1281~1352) 부자父子가 중국의 효자 64명에 관한 기록을 엮은 책이다. 이때 세종은 『효행록』에 수록된 중국 효자들에 관한 고사뿐만 아니라 우리나라 사람 중에서도 효행이 특출한 사례들을 수집하여 책에 담도록 했다. 그로부터 4년 뒤 1432년에 집현전에서 『삼강행실도』를 편찬해 세종에게 진상했다. 그 서문에 따르면 중국과 우리나라의 효자·충신·열녀 중 뛰어난 자로 각 110명을 찾아내 그림을 그리고, 이어서 글을 실었다. 맹사성(1360~1438), 권채(1399~1438), 정초(?~1434)와 같이 당대 최고의 학자들이 쓴 글도 책의 앞뒤에 실었다. 그리하여 『삼강행실효자도』, 『삼강행실충신도』, 『삼강행실열녀도』가 각 1책씩 만들어졌다.

세종은 『삼강행실도』를 반포하면서 학식이 있는 자가 이 책의 내용을 가르치고 일깨울 것을 명했다. 『삼강행실도』가 한문으로 쓰였기 때문에 백성들이 문자를 몰라 그 내용을 이해하지 못할 것을 염려했기 때문이다. 『삼강행실도』의 본문에 한글을 덧붙인 언해본諺解本은 성종 때 만들어졌다. 특히 성종은 『삼강행실도』의 보급 효과를 높이기 위해 330명에 달하던 고사를 105명(효자·충신·열녀 각 35명)으로 줄이고 원래 3책이었던 것을 1책으로 만들었다. 이처럼 부피를 줄이고 한글을 덧붙인 『삼강행실도』 언해본은 영조 때까지 지속적으로 간행되었고, 지방 감영監營에서는 이를 다시 새겨 배포하였다. 이후 조선 왕조는 풍속을 교정하고 왕권을 정비해야 하는 시기마다 『속삼강행실도』(중종 9, 1514), 『이륜행실도』(중종 13, 1518), 『동국신속삼강행실도』(광해군 9, 1617), 『오륜행실도』(정조 21, 1797) 등을 편찬하여 나눠주었다.

『삼강행실도』를 만들기 위해 집현전 학자들이 어떤 책을 참고하였고, 그 내용을 어떤 방식으로 작성했는지에 대해서는 그간 여러 연구가 이루어졌다. 『삼강행실효자도』의 경우, 『효행록』뿐만 아니라 중국의 『효순사실孝順事實』과 『이십사효도二十四孝圖』를 참고하였다. 이 중 『효순사실』은 1420년에 명나라 성조成祖의 명에 따라 만들어진 책으로, 중국의 효자 207명에 관한 고사가 실렸다. 특히 초기 한문본은 체제와 내용 구성 면에서 『효순사실』의 영향을 가장 크게 받았다는 사실이 근래의 연구에서 밝혀졌다. 즉, 지면의 제약 때문에 『효순사실』 중에서 문맥에 영향을 주지 않는 인명·지명·시대 정보 등을 생략하는 방식으로 본문을 작성하고, 『효순사실』에 없는 내용은 『효행록』을 바탕으로 적은 것이다.

각 고사들의 효행 내용에는, 맛있는 음식으로 부모를 봉양하는 것과 같은 일상적인 효행담도 있지만 맹목적이고 극단적인 자기희생으로 효를 실천한 사례가 대다수를 차지한다. 부모나 계부모, 또는 시부모의 모진 구박을 꿋꿋하게 참으며 효를 실천하고, 손가락이나 허벅지 등 신체 일부를 잘라 병든 부모를 낫게 한다는 이야기이다. 이는 책의 서문에서 밝혔듯이 사람들의 주목을 끌 수 있는 특이한 효행담을 이용해 효의 이념을 효과적으로 널리 전파하려는 제작자의 의도가 반영된 것이다. 특히 『삼강행실효자도』에는 부모의 사망 후에 끼니를 거르며 슬퍼하다가 죽음에 이를 정도가 되거나 무덤 옆에 시묘살이를 하는 고사들이 다수를 차지한다. 「자강복총自强伏塚」 고사 대목에는 김자강이 어머니가 돌아가시자 "불가佛家의 의식을 쓰지 않고 한결같이 가례家禮에 따랐으며 아버지를 옮겨 합장하고 시묘살이를 하면서 잠시도 집에 돌아가지 않았다"라고 적혀 있다. 불교의 장례 의식이 아니라 유교식 제례를 권면하는 모습을 통해 성리학 중심의 사회 질서를 정착시키고자 했던 세종의 의도를 읽을 수 있는 대목이다.

백성을 위한 친절한 삽화

『삼강행실도』에서는 그림이 중요하다. 책의 제목에 특별히 '도圖'를 넣은 것이나 본문에서 그림을 먼저 보고 글을 읽도록 배치한 것만 봐도 알 수 있다. 『삼강행실효자도』에서 가장 먼저 등장하는 순임금에 관한 고사를 중심으로 살펴보자. 그림의 우측 상단에 고사의 제목인 '순제대효 우舜帝大孝 虞(우나라 순임금의 큰 효성)'가 있다. 앞의 네 글자 '순제대효'는 고사의

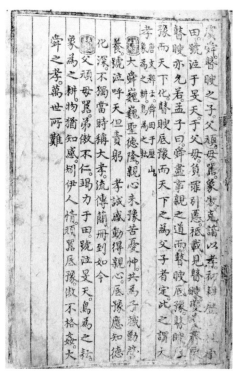

「순제대효」『삼강행실효자도』 반곽 26×17cm, 고려대학교도서관 만송문고

놀라운 효행을 선명히 알리다

제목이고, 그 아래에 작은 글씨 '우'는 주인공의 출신지이다. 네 글자 제목 중 앞의 두 자 '순제'는 주인공의 이름이고, 뒤의 두 자 '대효'는 주인공의 효행을 적은 것이다. 이러한 방식은 『효행록』의 「대순상경大舜象耕」(순임금을 위해 코끼리가 밭을 갈다)이나, 『효순사실』의 「우순대효虞舜大孝」(우나라 순임금의 큰 효성)와 동일하다.

고사의 내용을 그림으로 표현하는 방식은 「노래반의」(121쪽)처럼 핵심 주제를 한 가지 장면으로 그린 경우도 있지만, 대부분 「순제대효」(126쪽)처럼 두 가지 이상의 장면을 한 화면에 담았다. 산자락이나 바위, 가옥, 담장 등을 사용해 화면을 나눠서 시기나 장소가 다른 장면들을 한 화면에 그려 넣은 것이다. 예를 들면, 「순제대효」는 순임금이 모진 부모와 아우 사이에서도 효성을 다했다는 내용을 담고 있다. 중앙부의 대각선으로 나뉜 화면의 위쪽에는 순임금이 하늘을 향해 울부짖자 새와 코끼리가 밭일을 해주는 장면이 그려졌다. 그 아래쪽은 순임금이 자신의 도리를 다하고 부모를 공경하자 가족들이 마음을 바꾸어 화목한 가정을 이루는 장면이다. 화면의 위쪽과 아래쪽에 주인공인 순임금을 표시하기 위해 각각 '순제舜帝'라 쓰고 사각 띠를 두른 것을 통해서도 두 가지 다른 장면이 표현되었음을 알 수 있다.

한편 『삼강행실도』에 수록된 각 고사들의 주제는 다르지만 그림에 등장하는 자연물·인공물·인물의 모습은 유사한 경우가 많으며, 동일한 구도나 묘사가 반복적으로 나타난다. 이는 이러한 그림의 주목적이 백성들이 고사의 내용을 쉽게 이해하게 만드는 것이라는 사실과 한정된 화면에 여러 요소들을 수록해야 하는 특성에서 기인한다.

개인이 소장한 보물 『삼강행실효자도』

『삼강행실도』 언해본은 여럿 남아 있지만 초기에 만들어진 한문본은 그 수가 매우 적다. 특히 행실도류 책자 중에서 보물로 지정된 것은 개인 소장의 『삼강행실효자도』가 유일하다. 올해 정기조사에서 보물 『삼강행실효자도』를 만날 수 있었던 것은 큰 행운이었다. 새파란 하늘이 인상적이던 지난 6월 소장자의 집을 찾았다. 조사단의 방문이 귀찮을 법도 한데 소장자 부부는 먼 길을 오느라 고생했다며 시원한 수박까지 내어주셨다. 『삼강행실도효자도』를 조심스럽게 꺼내주시는 모습에서 평소에 소장자가 이 유물을 얼마나 소중히 보관하셨는지 알 수 있었다.

개인 소장인 보물 『삼강행실효자도』는 부드럽고 유려한 각선刻線이 돋보이는 목판본이다. 글씨는 정갈하고 판화는 손 그림처럼 사실적이다. 특

「길분대부」,
보물『삼강행실효자도』
반곽 26.6×16.4cm, 개인 소장

히 인물 표현에서 특징이 잘 드러난다. 「길분대부吉枌代父」에는 20cm 내
외의 작은 화면에 14명에 달하는 인물이 등장한다. 그만큼 각 인물의 세부
묘사가 쉽지 않지만 보물『삼강행실효자도』에서는 눈, 코, 입, 머리카락까
지 세밀하게 판각되었을 뿐만 아니라 표정까지도 생생하게 표현되었다. 세
종대왕기념사업회 소장의『삼강행실효자도』에서 주인공인 길분吉枌의 얼
굴을 간략한 몇 개의 선으로 표현한 것과 큰 차이를 보인다. 이처럼 강약을

A: 개인 소장   B: 세종대왕기념사업회 소장

조절하며 직선과 곡선을 자유롭게 판각하는 면모는 고려대학교도서관 만
송문고 소장의 『삼강행실도효자도』의 특징이기도 하다. 만송문고 소장의
『삼강행실효자도』는 지금까지 확인된 판본 중에서 원간본原刊本에 가장
가깝다고 알려졌다. 보물 『삼강행실효자도』와 만송문고 소장본은 동일한
책판에서 인출된 책이라는 연구 결과가 발표된 바 있다. 두 판본 모두 희귀
하고 역사적, 학술적 가치가 높은 문화재라고 할 수 있다. 특히 보물 『삼강
행실효자도』는 인쇄면이 선명하여 책판을 제작한 후 비교적 이른 시기에
인출한 것으로 평가되며, 110여 장에 달하는 판화는 현전하는 수량이 많지

                                    놀라운 효행을 선명히 알리다

『삼강행실효자도』 판본별
「길분대부」 삽화 세부 비교

C: 고려대학교도서관 만송문고 소장

않은 조선 전기 회화의 일면을 가늠하게 해 준다는 점에서 매우 중요하다.

    정기조사를 마치고 돌아오는 길에 고향 집에 다녀오는 것 같은 기분이 들 때가 있다. 연세 많으신 개인 소장자를 뵙는 날에 특히 그렇다. 자식을 보내는 부모처럼, 찻길까지 나와서 떠나는 우리 조사단을 향해 손을 흔들어주시는 모습 때문인 것 같다. 보물 『삼강행실효자도』 조사를 마치고 나오자 어김없이 소장자께서 문밖까지 나와 우리를 배웅해 주셨다. 5년 뒤에 다시 뵐 때까지 소장자 부부가 지금처럼 건강하시길 진심으로 바란다.

우리나라 불교석경 문화의 정수

이종숙

보물 〈구례 화엄사 화엄석경〉

유형문화재 중에서 역사적·학술적·예술적 가치가 큰 문화유산이 국보나 보물로 지정되면, 이후 5년 주기로 이들의 보존 및 관리 현황에 대한 정기 조사를 실시한다. 매년 3백여 건의 국보·보물 정기조사는 전국 곳곳을 다녀야 할 뿐 아니라 운전과 숙박까지 해야 해서 몸이 피곤해지는 현장 업무이다. 그러나 우리의 수고로움으로 해당 문화유산의 훼손을 사전에 예방할 수 있다는 생각에 보람을 느낀다. 또 귀한 국보와 보물을 가까이 볼 수 있어 마음도 즐겁다. 그런데, 때론 마음이 무거워지는 문화유산들이 있다. 그중 하나가 〈구례 화엄사 화엄석경〉이다. 대부분의 국보와 보물은 온전한 형태를 유지하고 있는데, 화엄석경은 지난 역사 속에서 훼손되어 9천여 개의 파편이 되었다.

원형을 보존하지 못한 지난 역사에 가슴이 아프면서 한편으로는 이렇게라도 보존되어 있는 것이 얼마나 다행인가 하는 어이없는 생각도 든다. 또 화엄경은 어떠한 경전이기에 수많은 불교 경전 중 석경으로 제작된 것일까? 5만여 자에 달하는 화엄경을 석경으로 조성한 신라인들의 화엄신앙은 어떻게 출현한 것일까? 그리고 화엄석경이 지니고 있는 문화유산적 가치에 대해 이야기해 보고자 한다.

보물 〈구례 화엄사 화엄석경〉, 7~9세기

우리나라 불교석경 문화의 정수

부처되는 가이드북, 『화엄경』

불교에는 수많은 경전이 있다. 그래서 팔만대장경이라고도 부른다. 팔만대장경의 경전 수를 세어보면 대략 1500여 개 정도라고 한다. 이 가운데 석가모니불이 처음 설법한 경전이 바로 『화엄경』이다. 그런데 『화엄경』은 말로 설법한 것이 아니라 21일간 해인삼매(바다가 잔잔해져 온갖 형상을 비추듯 고요한 상태)에 들어 빛으로 한 설법이라 일반 중생들에게는 어려워서 보현보살, 문수보살 등 여러 보살들이 부처의 모습과 부처의 광명설법을 중계방송하듯이 설명하는 형식으로 구성되어 있다. 또, 『화엄경』은 본래 별개로 유포되던 여러 경들을 중앙아시아에서 하나의 경전으로 집대성한 것으로 추정하고 있다. 중국에 유입된 후 세 종류(60화엄, 80화엄, 40화엄)의 한역본이 제작되었는데 설법 장소와 횟수, 품수의 차이가 있기는 하지만 내용적인 면에서 크게 다르지 않다. 가장 먼저 한역된 60화엄(7처 8회 34품)을 예로 들어 구성을 살펴보면, 제1회에서는 부처의 세계인 법계, 즉 연화장 세계에 대한 설명이다. 2회부터 7회까지는 부처가 되기 위해서 보살이 수행해야 하는 십신十信, 십주十住, 십행十行, 십회향十廻向, 십지十地, 등각等覺, 묘각妙覺 등 52위位의 덕목이 교설되고, 제8회 입법계품에서는 선재동자善財童子가 구도 역정을 통해 깨달음의 세계에 이르는 구체적인 과정이 해설되어 있다.

『화엄경』은 "마하 바이푸트라 붓다 아바탐사카 수트라"라는 산스크리트어 경명을 대방광불화엄경大方廣佛華嚴經이라고 한역한 것을 줄인 이름이다. 다시 뜻풀이하는 것이 유의미할까 싶기는 하지만 한글자씩 풀이한 것을 응용하면 '대大'는 작음[小]과 상대적인 큼[大]이 아니라 절대적으로 크다는 무한한 큼[大]이고, '방方'은 반듯하다는 뜻이며, '광廣'은 넓다는 의미이다. 따라서 대방광불大方廣佛은 크되 그 큼이 무한대이며 바르고 넓은 부처를 이르는 것이다. 또, 화엄경의 '화華'는 깨달음의 종자인 보살행을 수많은 꽃에 비유한 것이요, '엄嚴'은 그러한 보살행에 대한 설명을 장엄이란 용어로 표현한 것이다. 즉 대방광불화엄경은 '광대무변한 깨달음과 수많은 보살행을 설명한 경전'이다.

『화엄경』에서 이야기하고 있는 부처의 모습은 이 세상 모두이다. 세상에 널려 있는 사물과 사람들 모두가 부처다. 선도 악도 그늘도 빛도 모두가 부처다. 행복도 불행도 극락도 지옥도 모두가 부처다. 끝없는 공간도 무한한 시간도 모두 부처다. 그런데 부처라고 부르지 않아도 된다. 마음이라 할 수도 있고, 진리라 할 수도 있고, 법이라 할 수도 있고, 해탈이라고 할 수 있고, 화엄이라 할 수도 있다. 그래서 여래출현품에서 "신기하고 신기하여라. 어찌 이 모든 중생이 여래의 지혜를 갖추고 있는가?(奇哉奇哉此諸衆生云何具有如來智慧) 그런데 어리석고 미혹하여 알지 못하고 보지 못하는구나(如

우리나라 불교석경 문화의 정수

來智慧不知不見)"라고 표현한 것이다. 어리석고 미혹하여 본래 부처임을 알지 못하는 중생에게 법신 비로자나불의 연화장세계를 보여줌으로써 중생들에게 환희심과 신심을 갖게 하고, 영원불멸의 부처란 무엇이며, 어떻게 하면 부처가 될 수 있을지에 대한 해답으로 보살행을 제시하고 있다.

신라에서 발전한 화엄신앙

신라는 고구려, 백제보다 늦게 불교가 공인되었지만 자신들의 나라인 신라 땅이 본래 부처의 나라였다고 믿는 불국토 사상으로 불교를 토착화시켰을 뿐 아니라 삼국통일 전후의 혼란한 민심을 수습해 나갔다. 이러한 불국토 사상의 뒷받침이 된 경전이 『화엄경』이었다.

『화엄경』을 처음 신라에 소개한 사람은 자장慈藏(590~658)이다. 당나라 구법을 마치고 귀국할 때 삼장 4백여 함을 싣고 와서 통도사에 안치하였다는 기록이 있는데 그 속에 60화엄이 포함되어 전래된 것으로 보인다. 자장은 중국 오대산에서 문수보살을 친견하고 문수로부터 『화엄경』에 나오는 게를 받았고, 우리나라 오대산의 문수신앙을 일으켜서 신라가 불교와 인연이 깊은 땅이라는 불국토 사상의 근거를 제시하였다. 또 원효도 『화엄경』을 연구하여 무애사상을 실천하고 『화엄경소』, 『화엄강목』, 『화엄경종요』

등을 저술하였다. 그리고 신라 화엄종의 개조라고 불리는 의상은 『화엄경』을 교학적으로 발전시키고 화엄사상을 확대하여 사바세계(괴로움이 많은 인간세계)를 불국토로 승화시키고자 노력하였다.

　의상은 당에서 중국 화엄종의 2조인 지엄에게서 『화엄경』을 배운 뒤 671년에 신라로 돌아왔다. 의상의 화엄사상은 『60화엄경』에 의한 것이다. 의상은 『입법계품초기入法界品鈔記』 1권, 『화엄일승법계도華嚴一乘法界圖』 1권, 『일승발원문一乘發願文』 등을 저술하였다. 『화엄일승법계도』는 『화엄경』의 핵심 내용을 나타낸 것이라 할 수 있다. "一中一切多中一, 一卽一切多卽一, 一微塵中含十方, 一切塵中亦如是, 無量遠劫卽一念, 一念卽是無量劫"라고 하여 하나와 일체의 상입상즉相入相卽의 걸림 없는 중중무진重重無盡의 연기를 설명하고 있는데 이해하기가 쉽지 않다. 의상은 이처럼 어려운 『화엄경』의 이론보다 백성들이 쉽게 이해하고 실천할 수 있는 관음신앙과 정토신앙을 수용하여 화엄 사상과의 융합을 펴나갔다. 신라의 화엄 사상은 점점 화엄신앙의 형태로 백성들에게 확산되었다.

　그리고 화엄신앙은 신라가 과거 부처와 인연이 있다는 불국토 사상으로 전개되어 다양한 양상으로 발전하였다. 우선, 과거 7불의 절터 창건, 황룡사 장육존상 조성, 구층탑 건립 등 불사가 이루어졌다. 신라가 화엄불국

　　　　　　　우리나라 불교석경 문화의 정수

정토라는 인식은 신라의 현실 국토가 화엄경의 이상세계인 연화장세계라는 인식에 근거한 것이다. 둘째, 신라 불국토 사상은 이 땅에 보살이 상주하면서 중생들을 구제해 준다는 보살주처 신앙이 나타나는 배경이 되었다. 보살주처 신앙은 『화엄경』의 〈보살주처품〉에 근거하는데 오대산의 문수보살주처 신앙, 금강산의 법기보살주처 신앙, 천관산의 천관보살주처 신앙, 낙산의 관음보살주처 신앙 등이다. 셋째, 『화엄경』에 등장하는 많은 신중들에 대한 화엄신중 신앙이 출현하였다. 화엄신중들은 여러 가지 위신력으로 그들을 신앙하고 예참하는 자들을 돕는다고 한다.

그리고 『화엄경』 경전을 수지, 독송, 강의, 사경, 유포하면 공덕을 얻는다는 신앙이 생겨났다. 불교 경전을 머리에 새겨 읽고, 외우고, 말하고, 쓰는 것을 5종묘행이라 하는데 이를 실천하여 얻는 공덕은 매우 크다고 한다. 화엄경을 신라에 처음 소개한 자장도 자기 집을 원령사로 개조하고 낙성법회를 하면서 화엄경 1만 게를 강의할 때 52명의 여인이 현신하여 강의를 듣는 신이한 감응이 있었다. 52명의 여인이 화엄경의 입법계품에서 선재동자가 방문한 52명의 선지식을 상징하는 것이라고 한다. 또 사경 불사도 많은데 화엄사 창건주로 알려진 연기법사는 아버지의 은혜를 갚고 일체 중생의 성불을 염원하기 위해서 화엄경 사경을 했고, 정강왕도 헌강왕의 명복을 빌기 위해서 신하들과 함께 사경을 했다고 한다. 이렇게 종이에 쓰는 사경도 엄격한 규범과 절차에 따라 이루어지는 것이지만 화엄경을 돌에 새기는 각경은 더 많은 공력과 신심이 요구된다. 화엄경전의 신앙은 화엄석경이라는 불교석경 문화의 정화를 피게 하였다.

불교석경 문화의 정수, 구례 화엄사 화엄석경

〈구례 화엄사 화엄석경〉의 문화재적 가치 중 한 가지는 우리나라 불교 석경의 정수가 담겨 있다는 점이다. 현존하는 우리나라 불교석경 중 〈구례 화엄사 화엄석경〉은 파편이지만 그 수량이 가장 많다. 불교 경전을 각판에 새기는 석경(또는 각경)은 우리나라보다 중국에서 먼저 시작되었다고 한다. 또 중국 내에서는 불교석경보다 유교석경을 석경의 시원으로 보고 있다. 175년 후한 희평 4년에 조성하기 시작하여 183년에 완성한 〈희평석경〉이 현전하는 가장 오래된 석경이며, 내용은 유교 경서의 표준적인 정본定本을 새긴 것이다. 그 후로 위나라 때의 〈정시석경〉, 당나라 때의 〈개성석경〉, 오대 후촉의 〈광정석경〉, 남송의 〈소흥석경〉, 청나라 때의 〈건릉석경〉 등이 조성되었다. 중국의 유교석경은 이렇게 한대를 시작으로 청대에까지 제작되었으며, 제작 목적은 유교 경서의 잘못된 문자와 문장을 바로잡아 정확성을 기하기 위함이었다.

우리나라 불교석경 문화의 정수

〈구례 화엄사 화엄석경〉 보관 현황

    불교석경은 유교석경보다 후에 제작되었다고 한다. 약 5세기부터 조성
되기 시작한 마애각경을 불교석경의 시원으로 보고 있다. 중국에 불교가
유입된 때는 1세기경인 후한시대였지만 이때는 기존의 유가와 도가 사상
에 맞추어 불교를 해석하는 격의불교가 성행하였다. 그 후 구마라습鳩摩羅
什(334~413)의 번역으로 불교는 널리 전파되었고, 불교의 윤회설과 내세관
은 일반 백성들의 마음을 위로하는 한편 통치자들의 비호를 받는 중요 요
소가 되었다. 특히 남북조시대 이후 국교로 삼는 왕조도 있었고, 문화적으
로도 발전하여 수많은 불경이 인쇄되고, 사찰이 건립되고, 석조물이 조성

되었다. 벼랑 면을 평평하게 다듬은 후 불명이나 어록을 큰 글자로 새긴 마애각경의 조성도 이 시기부터라고 본다. 그러나 시간이 흐를수록 영향력이 커진 불교는 통치자들의 이해와 맞물리면서 탄압 대상이 되었다. 이러한 법난 속에서 스님들은 불상과 불탑은 파괴되어도 부처님의 말씀은 보전하고자 불경을 돌에 새겨 동굴에 보관하기 시작하였다고 한다. 우리에게 익숙한 판석 형태의 불교석경은 이러한 배경에서 제작되었다고 보는데 지금 우리가 북경에 가면 볼 수 있는 〈방산석경〉을 시작점으로 볼 수 있다. 이 석경은 616년 수나라 때 법난을 대비하여 불경을 돌에 새겨 보관하고자 했던 스승 혜사스님의 뜻을 이어 정원스님이 각경하기 시작하였다고 한다. 그 후 수, 당, 요, 금, 원, 명 6대에 걸쳐 약 1039년 동안 1025종의 경전이 1만 5061석에 새겨지게 되었다. 왕조가 바뀌고, 시대가 변하고, 사람이 바뀌었지만 천여 년의 세월 동안 한족, 거란족, 여진족, 만주족, 몽고족 등 여러 민족이 참여하면서 돌에 불경을 새기는 중국의 불교석경 문화가 이루어졌다.

이러한 중국의 불교석경 문화는 당과의 교류 속에서 우리나라에 유입되었다. 그런데 중국의 불교석경은 법난과 법멸을 대비하여 불법을 보존 유지하기 위해 조성되기 시작한 것이지만, 우리나라의 불교석경은 불교를 널리 알리기 위해 조성한 것이기에 중국의 〈방산석경〉처럼 동굴에 보관하지 않고 〈구례 화엄사 화엄석경〉처럼 전각 내부 벽을 장엄한 것이다.

우리나라 불교석경 문화의 정수

우리나라는 신라뿐 아니라 백제, 고구려에 이미 왕실과 지배계층을 중심으로 수준 높은 석각문화가 있었다. 왕의 순수(임금이 나라 안을 두루 살피며 돌아다니던 일)를 기념하는 〈진흥왕순수비〉, 율령 반포 기록이 새겨져 있는 〈울진 봉평리 신라비〉 등이 그 사례이다. 〈구례 화엄사 화엄석경〉이 중국의 불교석경보다 석질, 자형의 기법 등 예술성이 뛰어난 이유도 이렇게 오랜 세월 누적된 우리의 석각문화가 전제되어 있었기 때문이다. 그리고 당시에 유행이었던 사경의 서사 체제가 석경에 그대로 적용된 것으로 보인다. 비록 조각나 있지만 사경의 천지선이나 행간을 나누는 괘선, 변상도 등과 북위의 조상기造像記와 묘지명 서풍의 구양순체와 유사한 사경체의 정교함 등이 〈구례 화엄사 화엄석경〉의 문화재적 가치를 더 풍부하게 한다.

보물이
미래의
영감이
되도록

송혜민

보물 〈청자 상감국화모란유로죽문 매병 및 죽찰〉

사람 사이에 인연이 있듯, 사람과 보물 사이에도 인연이 있을까? 만약 있다면 이 보물은 내게 참 반갑고 뜻깊은 인연이다. 바로 보물 〈청자 상감국화모란유로죽문象嵌菊花牡丹柳蘆竹文 매병梅瓶 및 죽찰竹札〉(매병은 이하 '〈청자 매병〉')이 그것이다.

2022년 국립문화재연구원에 발령받아 왔을 때, 정기조사 업무로 낯익은 보물을 만나게 되었다. 올해에는 어떤 보물이 조사 대상인지 목록을 훑어보는데 이 〈청자 매병〉이 눈에 확 들어왔다. 내가 국립해양문화재연구소에서 근무하던 2020년, 기획한 전시에서 주인공 격이었던 유물이었다. 그로부터 2년도 채 되지 않아 우리는 다시 만난 셈이다.

서해 바다, 침몰선에서 발굴된 보물

이 〈청자 매병〉은 충청남도 태안군 마도 해역에 침몰돼 있던 고려시대 선박 '마도 2호선'에서 2010년에 발굴되었다. 마도 2호선에서 각종 곡식류와 동물 뼈, 접시·잔 등 다양한 도자류, 목간과 죽찰, 선상용품인 철제 솥과 청동 숟가락과 그릇 등 다양 유물 400여 점이 발견되었다. 발굴 유물들은 서해 바다 갯벌 속에 묻혀 있어 상태가 양호했다. 그중 높은 품질의 청자 매병 2점은 수신자와 내용물이 적힌 죽찰과 함께 발견되어 주목을 받았다.

보물 〈청자 상감국화모란유로죽문 매병〉,
고려 12~13세기, 높이 39cm,
입지름 7.1cm, 밑지름 14.4cm,
국립해양문화재연구소

매병과 함께 발견되어 보물로 지정된 죽찰.
길이 13.4cm, 국립해양문화재연구소

앞면　　　　뒷면

보물이 미래의 영감이 되도록

매병은 입구가 좁고 어깨는 동그랗고 넓으며 밑이 홀쭉하게 생긴 병이다. 이 〈청자 매병〉에는 고려시대 매병의 특징인 상체의 당당함과 균형 잡힌 부드러움이 있다. 몸체는 세로 골(선)을 6개 새기고 나눠 참외 같은 형상이다. 6개로 나뉜 면에는 흑백 상감으로 된 6개의 능화형(꽃잎 끝이 뾰족하게 처리되어 있는 꽃 모양) 테두리가 있고 그 안에 국화, 모란, 버드나무[柳, 류], 갈대[蘆, 로], 대나무[竹, 죽], 닥꽃 등 다양한 문양이 상감기법으로 새겨져 있다. 구연부(입구) 둘레에는 뇌문(번개무늬)을 돌리고 그 아래로 구름 모양을 닮은 여의두무늬如意頭紋(여의두는 불교 의식 용품인 여의의 머리 부분)를 상감하였다. 매병의 하단 면에는 뇌문과 연꽃잎을 펼쳐 놓은 듯한 연판무늬를 상감하였다. 이런 문양은 다른 도자기에서도 자주 보이지만, 한 도자기에 모두 장식한 것은 드물다. 녹청색 유약을 전체에 발랐고, 하단 면은 일부 바탕흙이 드러나 있다. 제작 시기는 12세기 말에서 13세기 초반으로 추정된다.

이 〈청자 매병〉과 함께 발견된 긴 대나무 막대인 죽찰은 배에 실린 화물의 짐표 역할을 하던 것이다. 죽찰의 상부에 ✕ 모양의 홈을 판 머리 모양이 만들어져 있고, 그 아래에는 화물의 종류와 수량, 선적 시기, 발송자, 수취자 등 구체적 정보가 적혀 있다. 죽찰 앞면에는 '중방도장교오문부重房都將校吳文富'라고 쓰여 있는데, 수취인을 적은 것이다. 뒷면에는 '택상진성준봉宅上眞盛樽封'이라고 쓰여 있으며, 참기름을 '준樽'에 담아 보낸다는 내용이다. 이를 통해 고려시대에 매병을 '준'이라고 불렀다는 것과 중방의 하급 장교 오문부에게 참기름을 전달하려 했다는 것을 알수 있다. 이는 죽찰 덕분에 매병의 구체적인 용도가 정확하게 확인된 발굴 사례로서, 고려청자를 고려 왕실과 귀족뿐만 아니라 종8품 이하 하급 관리도 사용했다는 점, 매병이 참기름 등 귀한 식재료를 담는 용도로 사용되었다는 점 등을 알 수 있다.

수중 발굴 당시의 모습

새로 태어난 청자 매병

내가 청자 매병을 처음 만난 건, 2020년 국립해양문화재연구소에서 새로운 형식의 특별전을 기획할 때였다. 연구소에는 서남해 지역의 바닷속에서 발굴한 고려 및 조선시대의 배·도기·솥 등 다양한 유물이 소장되어 있고, 연구소는 유물들을 중심으로 전시관을 운영하고 있다.

보물 〈청자 매병〉을 만난 〈시대교감-천 년을 넘어 만난 일상과 예술〉전은 우리 문화유산을 다양한 각도에서 바라보고 새로운 가치를 발견하고

보물이 미래의 영감이 되도록

자 기획한 전시였다. 이 전시에서 시각·영상·산업디자인 분야 총 6팀의 현대 작가들이 해양 유물(고려청자)을 그들만의 시각으로 해석한 작품을 선보였다. 그들이 소재로 삼을 수 있는 수많은 해양 유물들이 있었는데, 6팀 중 3팀이 이 〈청자 매병〉을 소재로 삼아 작품을 창조했다. 그 작가들이 소재로 택한 데에는 보물의 형태적인 아름다움도 중요했겠지만, 보물이 되었던 가치와 의미도 영감의 원천이 되지 않았을까? 〈청자 매병〉을 주인공으로 하여 탄생한 작품 세 가지를 소개해 본다.

작품 1: 〈~에 담긴 이야기 03 청자와 글자〉

문장현 작가는 이 그래픽 작품에서 〈청자 매병〉과 죽찰이 가진 기능과 의미를 재해석했다. 작품 속 〈청자 매병〉 이미지는 박물관에서 문양과 질감을 정확히 보여주기 위해 찍는 사진이 아닌, 형태(실루엣)를 강조한 사진이다. 작가는 우리가 흔히 바라보는 유물의 일반적 형태가 아닌 숨겨진 이미지 혹은 다른 면을 보여주고자 역광으로 사진을 촬영했다. 형태만 남긴 이미지를 여러 간격의 세로로 잘라, 고려시대부터 지금까지 켜켜이 쌓인 시간을 단층처럼 표현했다. 그 단층 사이사이 세로 켜에 글자가 새겨져 있다. 이 글자는 발굴된 죽찰에 쓰여진 한자로, 발굴 유물(도자기 매병)에 무엇이 담겨 있었는지, 어떤 목적으로 어디에 보내졌는지가 적혀 있다. 평소 고려시대 도자기에 무엇이 담겼을까 몹시 궁금했던 작가는 죽찰의 존재로 궁금증이 해소되었고, 죽찰에서 영감을 얻어 작품을 탄생시켰다고 한다.

문장현, 〈~에 담긴 이야기 03 청자와 글자〉, 2020년, 디지털 프린팅, 100×150cm

보물이 미래의 영감이 되도록

작품 2: ⟨Inside Out⟩

이 작품은 가로 세로 각각 2.4m인 대형 조형물로, 작품 안으로 관람객이 들어갈 수 있도록 만들어졌다. 매병은 해저에 좌초된 후 발굴되기까지 수백 년의 시간을 진흙 속에 있었다. 그 오랜 시간 동안 해류와 여러 지질 작용에 의해 조금씩 위치가 변화된 과정을 터널처럼 형상화하여 담았다.

왕현민, ⟨Inside Out⟩, 2020년, 목재 위 도상, 240×240×240cm

왕현민, 〈Inside Out〉 내부

　독특한 점은 〈청자 매병〉의 S자 곡선 형태를, 서로 다른 두 시점에서 조형적으로 구현한 것이다. 먼저 조형물 바깥에서 바라보면, 매병의 전체 형태를 눈으로 직접 확인할 수 있다. 두 번째 시점은 관람객이 직접 조형물 안으로 들어가야 볼 수 있다. 조형물 안에서는 매병의 구연부(입구)와 어깨로 이어지는 부분의 형상을 크게 느낄 수 있다. 왕현민 작가는 매병의 안팎을 뒤집어 관람객들을 매병 안으로 끌어들였고, 외형과 내부를 동시에 경험할 수 있도록 했다.

보물이 미래의 영감이 되도록

박신우(페이퍼프레스), 〈Celacon Puzzle〉, 2020년, 목재 위 도상, 100×160cm

작품 3: 〈Celacon Puzzle〉

박신우 작가는 관람객들이 보물을 유물장 밖에서만 봐야 하는 현실을 아쉬워했다. 그래서 보물과 더 가까워질 수 있도록, 관람객이 직접 느끼고 체험할 수 있는 작품을 제작하였다. 이 조형 작품은 보물 매병의 형태보다 훨씬 큰 높이 1.6m의 오브제로, 일정한 간격의 구멍이 뚫려 있다. 이 작품은 〈청자 매병〉의 여러 문양 블럭을 구멍에 직접 끼워 넣을 수 있게 설계되었다. 관람객의 손으로 다양한 문양 블럭이 끼워질 때마다 새로운 매병의 이미지가 만들어진다. 이들은 고려시대 도공이 된 듯, 어떤 문양을 배치하고 조합할지 고민하며 〈청자 매병〉을 새롭게 구성하고 있다. 작가는 관람객이 참여하는 과정을 통해, 이제까지 유물을 감상할 때 보여온 정적인 '바라봄'의 형식을 넘어 '참여'의 가능성을 탐구하고자 하였다.

미래의 영감이 되는 보물

보물 〈청자 매병〉은 현재 목포해양유물전시관(국립해양문화재연구소) 상설 전시실(해양교류실)에 전시되어 있으며, 죽찰은 2017년 보존 처리 후 안전한 관리를 위해 수장고(태안)에 보관되어 있다.

앞서 소개한 작가들은 〈청자 매병〉의 아름다움과 가치를 더 많은 사람들과 공감하기 위해 특별한 시도를 하였고, 그 결과 다양한 관점의 세 작품이 탄생하였다. 이처럼 문화유산은 과거에 그대로 머물지 않고, 현대 작가에게 영감의 원천이 될 수 있다. 그리고 작가들이 구현한 작품을 통해 관람객들은 새로운 시각에서 보물을 감상하고 이해하고 참여할 수 있다.

고려시대에 만들어진 매병과 죽찰은 천 년이 지나 우리나라의 보물이 되었다. 소중한 국보와 보물, 그 외 수많은 문화유산은 매년 문화재청의 정기조사를 통해 관리되고 있다. 잘 관리된 국보와 보물은 박물관 전시에서 관람객을 만난다. 그리고 사람들에게 과거 시대를 살아왔던 선조들의 정신과 삶의 흔적을 전해준다. 우리는 지금처럼 우리의 문화유산을 잘 보존하고 지켜나감과 동시에 현재와 미래 세대들이 문화유산의 새로운 가치를 발견할 수 있는 기회를 제공하고 또한 그것이 예술적, 창조적 영감으로 활용될 수 있도록 힘써나가야 할 것이다.

4

구석구석 다시 보는
국보·보물

동쪽 궐에 깃든 효명세자의 봄날

손명희

국보《동궐도》

20대의 봄날, 완연한 봄기운에 짙은 녹음을 머금고 길게 아치형으로 뻗은 나뭇가지를 차양 삼아 고려대 다람쥐길을 거닐다 마주한 작은 석조 건물. 이 건물의 2층에 올랐을 때 내 앞엔 푸르른 산세를 배경으로 아늑하게 자리한 창덕궁과 창경궁의 모습을 담은 그림이 벽면 가득 펼쳐져 있었다. 푸른 잎이 우거진 나무와 수풀, 수많은 건물 사이사이에는 작은 연분홍 점들로 표현된 만개한 꽃나무가 생기와 사랑스러움을 앙증맞게 뽐냈다. 방금 전까지 만끽했던 늦봄의 화창함과는 또 다르게 화사하게 표현된 그림 속 절정의 봄날은 나를 수많은 건물과 수풀 사이에서 연분홍 꽃나무를 좇으며 《동궐도》 구석구석을 살피게 했다.

거대하지만 너무나도 세밀한 그림인 《동궐도》는 미술, 유물, 미술사란 분야에 문외한이었던 내게 잔잔하지만 큰 울림을 주었다. 당시 느꼈던 울림은 훌륭한 작가 또는 제작자가 최고의 기량과 정성을 쏟은 창작물이 지닌 미감과 유물이 전해주는 이야기를 교감할 때의 설렘이었다. 《동궐도》는 20대의 내게 유물을 대면할 때 느끼는, 따사로운 봄날과 같은 설렘과 우리 미술유산의 아름다움을 일깨워 준 작품이다. 뒤늦게 안 사실이지만 당시 고려대박물관에서는 특별전을 통해 일반인에게 최초로 《동궐도》 전체 모습을 공개했고, 운이 좋게도 화창한 봄날 이른 아침에 막 문을 연 전시실에서 접하기 힘든 《동궐도》를 마음껏 만끽할 수 있었다.

미술사를 공부하고 문화재청의 연구직 공무원이 된 후 《동궐도》와의 인연은 2008년부터 시행된 국보·보물 문화재의 보존 관리 현황에 대한 조사인 정기조사 업무로 다시 이어졌다. 정기조사를 위해 수장고에 보관된 고려대박물관 《동궐도》를 다시 대면하면서, 16개의 화첩으로 이뤄진 《동궐도》의 원 장첩粧帖(그림을 잘 보존하기 위해 두꺼운 종이를 붙여 책처럼 꾸며 만든 것) 형태를 확인할 수 있었다. 각 화첩은 짙은 푸른색 비단을 씌워 장식한 겉표지 안으로 6면의 종이를 위에서 아래로 아코디언 식으로 접어 그림이 손상되지 않도록 하였다. 화첩마다 앞표지에 직사각형의 흰색 비단 띠를 붙이고 그 위로 '동궐도東闕圖 인人 일一'부터 '동궐도東闕圖 인人 십육十六'까지 적고 있다. '동궐도'란 명칭은 경복궁의 동쪽에 위치한 두 궁궐인 창덕궁과 창경궁을 그린 그림이란 점을, '인'은 천天·지地·인人 세 세트 중 '인' 세트란 점을, '일'에서 '십육'은 그림의 배치 순서를 알려준다. 우리나라 전통 그림은 대부분 오른쪽에서 시작한다. 따라서 화첩 '일'부터 차례대로 '십육'까지 위에서 아래로 펼쳐 오른쪽에서 왼쪽으로 연결하면 장대한 《동궐도》 그림이 퍼즐처럼 완성된다.

고려대박물관 소장본과 달리 동아대학교 석당박물관에 소장된 《동궐도》는 과거 어느 시점에 화첩을 16폭의 병풍으로 다시 꾸몄다. 원 장첩 형식이 바뀐 아쉬움은 있지만, 병풍이란 매체의 특성상 쉽게 접어 보관했다

동쪽 궐에 깃든 효명세자의 봄날

국보 《동궐도》, 화첩 16첩, 비단에 채색, 1828~1830년, 고려대학교박물관

가 쉽게 펼쳐 한 번에 그림을 볼 수 있기에 관람객에게는 《동궐도》의 진면
목을 살피기 좀 더 수월한 편이다. 고려대박물관본이 '인'으로 적혀있으므
로 동아대박물관본은 '천' 또는 '지'에 해당한다. 화첩을 이어 붙여 연폭의
병풍으로 꾸민 이 《동궐도》의 크기는 세로 274cm, 가로 578.2cm에 이른다.
이 거대한 화폭에 창덕궁과 창경궁의 산세와 수많은 건물을 정교하고 세밀
하게 묘사한 《동궐도》를 보고 있노라면 궁궐 그림의 걸작이자 현전하는 최
고 최대의 궁중회화란 많은 학자들의 평가에 저절로 고개가 끄떡여진다.

　동궐도와의 세 번째 인연은 2018년 '문예군주를 꿈꾼 왕세자-효명' 특
별전을 기획하면서였다. 《동궐도》는 효명세자(1809~1830)가 순조를 대신해
정사를 돌보던 대리청정 시기(1827~1830)에 제작된 대표적 유물이다. 《동궐도》

국보 《동궐도》, 병풍, 비단에 채색, 1828~1830년, 동아대학교석당박물관

동쪽 궐에 깃든 효명세자의 봄날

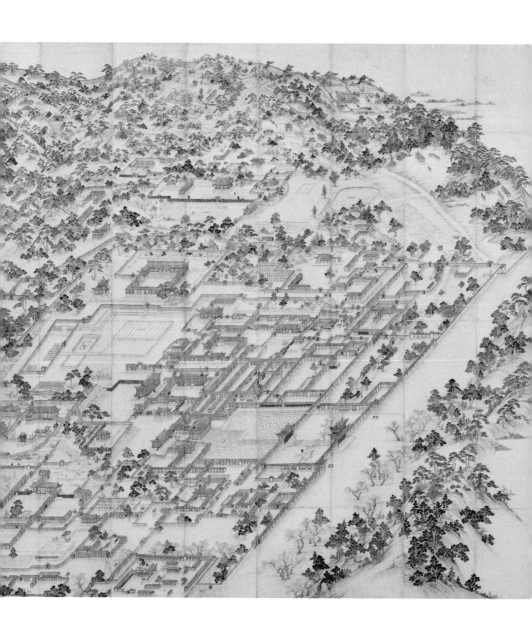

를 소개하는 영상과 도록 제작을 위해 동아대박물관이 제공해 준 세부 사진 이미지를 찬찬히 검토하는 과정에서 그림 속 효명세자의 존재를 읽을 수 있었다. 그리고 이 그림이 단순히 창덕궁과 창경궁을 한눈에 조망할 수 있도록 제작된 궁궐도란 점을 넘어, 인생의 봄날인 20대 초의 효명이 대리청정을 하며 이룩한 주요 업적과 자신의 취향과 지향, 그리고 정체성을 담아낸 작품임을 파악할 수 있었다.

왕위를 계승할 인물인 왕세자는 새로 떠오르는 해에 비견되며, '동궁東宮' 또는 '춘궁春宮'으로 불리기도 했다. 동궁은 왕세자가 해가 떠오르는 동쪽에 위치한 궁에 거쳐한다고 해서 붙여졌으며, 동쪽은 오행에서 봄을 상징하기에 춘궁이라고도 했다. 이렇게 거처를 지칭한 용어가 왕세자를 달리 부르는 명칭으로도 쓰인 것이다.《동궐도》는 숙종 이후 148여 년만의 적통 왕세자인 '동궁', 효명이 순조의 전폭적 지원을 받으며 대신 정사를 돌본 시기 동쪽 궐의 모습을 묘사하였다.《동궐도》는 곳곳에 만개한 연분홍 봄꽃이 절정인 동궐의 풍경처럼 효명세자가 맞이한 절정의 순간을 담아낸 작품이라고 할 수 있을 것이다.《동궐도》에는 문학을 사랑하고 또 뛰어난 문학적 재능을 지닌 청년기의 효명세자가 책을 읽고 시를 짓거나 그림을 감상하고 거문고를 타며 개인적 삶을 영위한 건물들과 그가 노래한 나무와 돌, 새들이 묘사되어 있다. 이제 복숭아꽃과 살구꽃이 만발해 봄의 향기가 가득한 동궐 속으로로 들어가, 효명의 맑고 고아한 삶을 마주해 보도록 하겠다.

궁궐 한복판에 마련한 별서 공간의 풍경

동궐도는 서쪽 하늘 위에서 동쪽을 향해 비스듬히 내려다본 시점으로 창덕궁과 창경궁을 넓게 조망하고 있다. 가로 5.8m에 이르는 거대한 그림에서 효명세자가 대리청정을 행한 정당正堂인 중희당重熙堂과 별당別堂인 수강재壽康齋, 교육(서연書筵) 장소인 성정각誠正閣과 관물헌觀物軒, 효명세자의 거처들, 왕세자를 교육하고 보좌·호위하는 역할을 한 춘방春坊(세자시강원)과 계방桂坊(세자익위사)으로 이어진 동궁 권역이 7첩에서 10첩에 걸쳐 넓게 묘사되며 화면의 중심을 이룬다. 중희당·성정각·관물헌 등 단청을 입힌 주요 건물 주변에는 단청을 하지 않은 여러 건물들이 자리해 있다. 이들 건물은 왕을 대신해 정사를 돌본 왕세자 효명이 무거운 짐을 잠시 벗어던지고 책을 읽거나 시를 짓고 그림을 감상하며 휴식을 취한 사적 공간들이다.

'유여청헌有餘淸軒'이라 이름 붙여진 관물헌 건불 부분을 보면 주변에 단청 없는 단아한 건물과 정자, 초가집(모옥茅屋)들이 즐비하게 들어서 있다. '맑은 여운이 감도는 집'이란 의미처럼 유여청헌을 둘러싼 건물은 거문

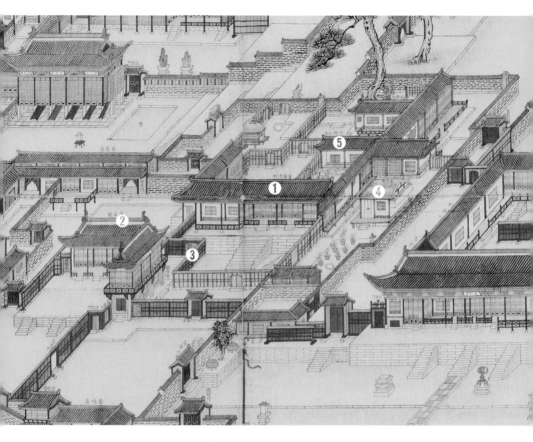

유여청헌(관물헌)과 그 주변(동아대본 9~10폭 세부)
①유여청헌 ②성정각 ③금서문 ④창사루 ⑤죽향소축

동쪽 궐에 깃든 효명세자의 봄날

고, 책과 그림, 학, 대나무 등 고동서화古董書畵(감상 대상이 되는 골동품·글씨·그림 등을 통틀어 이르는 말) 취미와 깊이 연관된 이름이 붙여졌다. 관물헌 서쪽에 바로 이어 있는 성정각은 '성의誠意와 정심正心'이란 의미로 유교 경전인 『대학大學』에서 따온 이름이며, 성정각 주변의 문들이 "어진 이를 가까이 하고, 보고, 찾고, 높이다(친현親賢·견현見賢·방현訪賢·상현尙賢)"라는 의미의 이름을 붙인 것과 대조된다. 성정각에서 유여청헌을 이어주는 작은 문은 '거문고와 책의 문'인 금서문琴書門으로 이름 지어져, 이 문을 들어서면 왕세자의 모든 공적 역할과 의무에서 벗어나 효명이란 개인을 위한 고아하고 탈속적인 공간으로 전이됨을 표상해 주는 듯하다.

궁궐 한복판에 들어선 소박하고 단아한 가옥과 정자, 초가집은 조선 후기 한양과 근교에 거주한 사대부들(경화사족京華士族)이 도시에서 산림에 은거하는 것과 같은 '성시산림城市山林'을 추구하며 한양 근교(경교京郊)에 마련한 별장(별서別墅)과 같은 모습이다. 경화사족들은 별서의 정원을 가꾸고 장서와 고동서화를 위한 누정을 마련해 그곳에서 동호인들과 문화예술 활동을 펼쳤으며, 이를 담은 그림을 제작하기도 했다. 효명은 궁궐 한복판에 별서와 같은 공간을 조성해 왕세자란 무거운 짐을 잠시 내려놓고 고아한 문인으로서 개인적 삶을 구현하고 산거의 이상을 실현하고자 한 것이다. 효명은 이들 거처를 주제로 시를 창작하기도 했다.

'죽향소축竹鄕小築'과 '창사루蒼笥樓'를 주제로 한 시에서는 꽃을 심고 거문고를 타고 책을 읽는 등의 아취로운 삶을 노래하고 있는데, 이들 장소에서 이뤄진 효명의 개인적 삶을 알려준다. '유여청헌'의 오른쪽으로 초가 지붕에 툇마루를 갖추고 나무 기둥과 흰색 벽으로 마감한 건물이 '창사루'다. 앞마당에 놓여 분홍 꽃나무가 앙증맞게 심겨진 화분들은 「창사루 사영」의 "난간 밖의 땅에 꽃을 심으니, 봄비가 작은 동산 속에 내리네(種花欄外地 春雨小園中)"를 마치 회화적으로 표현하고 있는 듯하다. 해당 시에서 효명세자는 책 상자(서록書簏), 거문고와 칼을 놓으니 진짜 창사蒼士가 거주하는 것과 같으며, 옛 술동이에는 대나무 이슬로 만든 술(죽로주竹露酒)이 있고 달이 따라와 자신의 오두막(창사루)에 있다며 창사루에서의 탈속적 삶을 시각적으로 형상화해 노래하기도 하였다.

아취 넘치는 효명세자의 거처

창사루 아래 동편에 널찍하게 자리한 중희당과 소주합루를 지나면 단청을 안 한 건물을 다시 마주한다. 제법 규모 있는 사대부의 주택과 같은 모습이다. 건물 앞으로는 두 개의 문이 있다. 가장 아래 행랑채와 용마루 높이를 동일하게 이어 설치한 녹색 문 위로 적힌 '학금鶴禁'은 이곳이 왕세자가 거주하는 장소임을 명시한다. 학금은 "태자太子가 거주하는 땅이 백

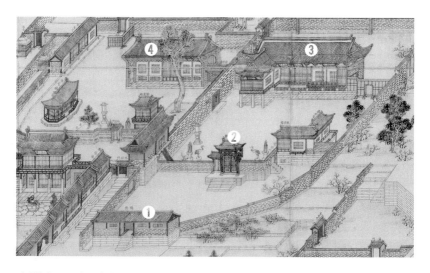

연영합과 그 주변(동아대본 7~8폭 세부)
①학금 ②화청관 ③연영합 ④문화각

학인데 사람들이 함부로 들어가지 못하기에 학금이라고 이른다"라는 중
국 한나라 궁궐소宮闕疏의 글에서 나온 용어다. 이 문을 지나면 연분홍 꽃
나무가 있는 터가 나오고, 곧이어 팔작지붕을 한 솟을대문이 나타난다. 화
청관華淸觀이라 이름 지어진 이 문의 지붕 아래로는 단청을 칠하지 않았
지만 궁궐 정전에서 임금의 자리를 장식한 당가唐家처럼 동·서·북 삼면에
연꽃 봉우리 장식을 끝에 단 기둥과 그 사이에 풀과 잎 무늬(초엽草葉) 조각
장식판을 달아 해당 공산의 위엄과 격을 높였다. 또, 문의 좌우 기둥 앞으
로 넝쿨과 같은 문양(초문草文) 장식을 날개처럼 세워 화려하게 꾸몄다. 이
화청관문을 지나면 바로 효명세자의 처소인 연영합延英閤이 마주한다.

연영합은 대청과 방, 누樓로 구성되었는데 우측 벽면이 장식 벽돌로 마감되어 있어 이질적인 모습을 띤다. 대청 가운데 걸린 연영합 편액의 동·서로 천지장남지궁天地長男之宮과 학몽합鶴夢閣 편액이, 서쪽의 누에는 오운루五雲樓로 쓴 편액이 걸려 있다. 건물의 원 명칭인 연영합 외에도 건물 안에 공간별로 달리 지은 당호들은 효명세자의 다양한 자의식을 보여준다. '천지장남지궁'은 천하의 장남인 '세자'가 사는 거처임을 드러내고 '다섯 가지 구름의 누'인 오운루는 세자가 거처하는 공간의 상서로움을 강조

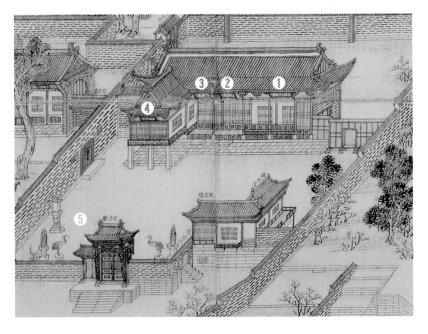

연영합과 그 앞 뜨락(동아대본 7~8폭 세부)
①천지장남지궁 편액 ②연영합 편액 ③학몽합 편액 ④오운루 편액 ⑤구리 학, 괴석, 꽃나무

　　　　　　　　　　　　　　　　　　동쪽 궐에 깃든 효명세자의 봄날

한다. 또, '학을 꿈꾸는 집'인 학몽합은 비록 궁궐이지만 산속에 은거하고 자 하는 문인의 지향을 나타내 준다. 학몽합과 오운루의 정면으로는 화청 관문의 좌우로 한 쌍의 구리 학[銅鶴]과 괴석이 나란히 마주 보고 서 있고, 서편 괴석 앞으로 살포시 솟아오른 꽃나무 가지가 정취를 더해준다.

효명은 유난히 학과 돌을 좋아해 본인의 호를 학석鶴石으로 삼고 자신의 시집을 '학석집'이라 했으며, 누각의 이름을 '학석루'로 이름 짓기도 했다. 그런데《동궐도》에 묘사된 연영합에서 '오운루'란 편액이 걸린 누각이 한 때 '학석루'로 칭해졌음을 효명이 지은 「학석루의 작은 모임의 짧은 서문鶴石小會小序」에서 확인할 수 있다.

거문고와 술동이가 자리에 어지러운데 홀연 난정蘭亭의 계회契會요, 글과 그림이 서가에 가득하니 흡사 서원西園의 우아한 모임과 같도다. 쌍학雙鶴은 선회하여 뜰에 있고 늙은 바위는 문 앞에 있어 이 때문에 학석鶴石으로 명한 것이 마땅하도다.

_『경헌집』권8, 「학석루의 작은 모임의 짧은 서문」

('이종묵, 「효명세자의 저술과 문학」, 『한국한시연구』10(한국성신문화연구원, 2002)'을 참조해 옮김)

뜨락에 있는 두 마리의 학과 우뚝 선 노석은 바로 연영합 앞마당을 장식하고 있는 구리 학과 괴석을 지칭한다. 효명세자는 이 한 쌍의 구리 학에 대한 시를 짓고 "귀신이 새긴 듯" 뛰어난 솜씨로 만들어졌다고 노래하기도 했다.

서쪽 담장에 난 '비단 향의 문'인 수향경繡香扃은 연영합을 완연한 중국식 벽돌집 형식을 한 5칸의 건물로 이어준다. 이 건물의 처마 아래에는 문화각文華閣과 수방재漱芳齋가 적힌 편액이 걸려 있다. 문화각은 중국 청나

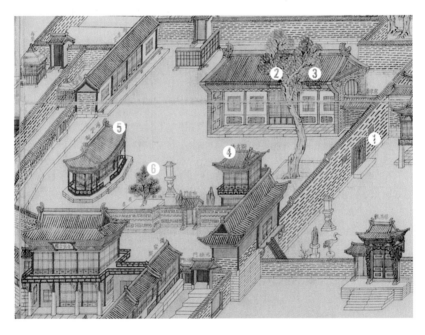

문화각과 그 주변(동아대본 7~8폭 세부)
①수향경 ②문화각 편액 ③수방재 편액 ④도서루 ⑤해당정 ⑥선송과 장춘

동쪽 궐에 깃든 효명세자의 봄날

라 때 자금성 안 황제의 강연이 이뤄진 공간이며 수방재는 건륭황제가 연회를 열고 연희를 즐기던 건물의 이름이다. 문화각과 수방재 모두 청으로 사행을 다녀온 여러 문인들의 문집에 종종 언급되던 장소다. 당시 막중한 책무로 궁궐을 떠나기 어려운 효명이 궁궐 내에 중국식 전각을 짓고 자금성의 문화각과 수방재에 비견해 이름 지은 것으로 생각된다.

문화각 맞은편 마당에는 그림과 서책을 보관한 2층 누각인 도서루圖書樓가 동쪽으로 우뚝 솟아 있고 서쪽에는 다각형의 정자인 해당정海棠榭이 자리해 있는데, 이곳이 한가한 때 효명이 독서와 그림을 감상하며 휴식하던 공간임을 시사한다. 마당 남쪽 가운데로 수석과 작은 관상용 소나무를 배치해 운치를 더하였다. 전반적인 건물 배치와 조경은 효명이 지은 「정심실기靜心室記」의 내용과 부합한다. 또, 소나무 옆에는 선송仙松과 장춘長春이란 이름이 적혀있어 「정심실기」에 묘사된 효명세자가 직접 심은 소나무의 특별한 위상을 강조해 준다.

후원 권역에도 표현된 취향과 소망

온갖 정치 업무와 왕실 제향의 의무를 왕을 대신해 행하고 성왕이 되기 위한 끊임없는 교육이 이어지는 공적 삶 속에서도, 효명세자는 동궁 권역에 지은 소박하면서도 아취 넘치는 여러 건물에서 탈속적이고 고아한 문인으로서의 개인적 삶을 추구하였다. 이러한 지향은 효명이 자신의 서실로 지은 창덕궁 후원의 의두합倚斗閤에서 더욱 명확히 엿보인다.

울창한 산세를 자연 그대로 살린 창덕궁 후원에 세운 의두합은 산중 은거의 뜻을 부치고 이를 실현하는 공간이었다. 1826년 효명이 직접 상량문을 지은 의두합은 주합루 북쪽 가파른 언덕 아래로 북향해 지어진 누가 딸린 4칸의 건물과 정자로 이루어졌다. 《동궐도》에서는 각각 '이안재易安齋'와 '운경거韻磬居'로 적혀 있는데, 각종 서적과 그림을 보관한 서실로 상량문을 쓸 당시에는 '석거서실'이라 이름했다.

석거서실은 한나라 때 각종 도서를 보관한 장서각의 이름인 '석거각石渠閣'에서 따온 것이다. 효명은 석거서실을 수만 권의 책이 있는 큰 서고書庫로 자부하며, 보관된 서적에 가득한 장정은 모두 다 항시 보는 책이 아니고 시렁에 꽂힌 책갑의 상아 꽂이는 아직 손도 대보지 않은 것으로 묘사하였다. 석거서실(이후 의두합)을 한나라 황실도서관인 석거각에 비유하고 이를 건물 이름으로 삼음으로써 자신의 서실과 소장품에 대한 자부심을 드러낸 것이었다. 집 이름(당호)이 건물 공간과 그 주인을 아울러 지칭한다는 점을 고려하면, 의두합 이전의 이름인 석거서실은 서화를 소장하고 이를 완상하는 독서인이자 문화인으로서 효명세자 자신에 대한 자긍심이자 내적 자아의 표현이라 하겠다.

효명은 의두합 상량문에서 이 검박한 건물이 "봄에는 복숭아·살구나무의 화려한 꽃들과 가을에는 울긋불긋한 단풍과 국화의 뛰어난 경치를 갖추고 있어 왕실 동산(상림원上林苑)의 풍광을 독차지했다"라고 높이 평하였다. 그리고 「의두합 십경」을 지어 시간과 계절 변화에 따른 다양하고 아

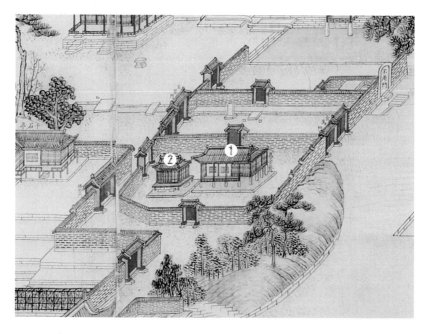

의두합과 그 주변(동아대본 4폭 세부)
①이안재 ②운경거

름다운 경치를 노래하기도 했다. 앞서 언급한 효명의 사적 공간은 현재 모두 사라졌으나, 의두합과 그 주변은 다행히도《동궐도》에 그려진 모습과 아주 크게 변하지 않은 채 남아 있다. 창덕궁 후원을 거닐다 누군가는 효명이 사랑한 의두합 주변 복숭아꽃·살구꽃의 화려한 자태를, "담담한 미인의 화장"과 같은 연꽃 봉오리의 모습과 향기를, 그리고 "술에 취한 단풍"과 "(붉은) 연지가 떨어지듯" 떨어지는 낙엽의 모습 등을 마주할 수 있을 것이다.

백운사와 그 주변(동아대본 7폭 세부)
①백운사 ②효명 예필

　　　　　　　　　　　　　　　　동쪽 궐에 깃든 효명세자의 봄날

연경당 서북쪽에 자리한 백운사 앞에 흐르는 샘물 옆으로 "[왕세자의 글씨] 밝은 달은 솔 사이를 비추고, 맑은 샘은 돌 위에 흐른다(睿筆. 明月松間照, 淸泉石上流)"가 쓰여 있다. 효명이 당나라 왕유의 「산거추명山居秋暝」의 시 구절을 쓴 글씨를 바위에 새긴 것이다. 현재 창덕궁에는 사각형으로 구획되어 바위를 따라 물이 흘러내리도록 조영된 샘의 터만이 있을 뿐 효명세자가 쓴 글씨의 흔적은 찾아지지 않는다. 그래도《동궐도》속에 남은 예필睿筆이란 글씨와 왕유의 시 구절은 효명의 산거의 이상을 잘 전해준다.

화려한 단청과 위엄 있는 풍채의 궁궐 전각들 사이에 순박하게 자리한 건물들, 직접 심은 꽃과 소나무, 즐겨 완상한 구리 학 등은 효명세자의 탈속적이고 아취로운 문예적 취향과 산거의 이상을 드러내며, 고아하고 맑은 그의 기풍을 잘 보여준다. 이처럼,《동궐도》는 효명세자 대리청정기에 창덕궁과 창경궁의 모습을 매우 사실적이고 뛰어난 회화적 기법으로 제작한 궁궐도의 걸작이란 평가만으로는 정의될 수 없는 많은 이야기를 담고 있다. 효명세자의 고아한 취향과 이 같은 아취를 추구하는 문인으로서의 자의식과 정체성, 문학적 감수성, 봄날의 미풍과 같은 맑고 따스한 효명의 기품을 전달해 준다. 즉,《동궐도》는 개인 효명의 기품과 문학적 감성, 개인적 취향과 이상 등을 표상하고 있는 개인으로서의 효명과 그의 사적 공간에 대한 시각적 기록물이라고도 할 수 있을 것이다.

지상에
내려온
미륵불
이야기

김명주

국보 〈장곡사 미륵불 괘불탱〉

괘불掛佛은 수 미터에서 수십 미터의 대형 화폭에 부처님의 모습을 그린 걸개그림이다. 주로 사찰 마당에서 열리는 야외 법회나 의식에 사용되는 불화로 그 규모와 작품성에 있어서 당대 최고 수준의 불교회화 작품이다. 현재까지 문화재로 지정된 괘불은 120여 점이며, 그중 절반이 국보와 보물이다. 이처럼, 국가지정 동산문화재에서 괘불이 차지하는 비율은 압도적인데, 이는 그만큼 괘불도가 중요하다는 것을 방증한다.

국립문화재연구원 미술문화재연구실(구 미술공예실)에서는 1985년부터 2001년까지 전국 사찰에 소장된 53점의 괘불을 종합적으로 조사하였다. 당시에는 괘불이 바람에 넘어가지 않도록 나무 봉들을 엮어 만든 괘불대掛佛臺를 받치고 조사해야 했던 어려운 여건이었다. 이런 노력들이 결실을 보아 학술적·예술적으로 가치가 높은 괘불 26점이 국가지정문화재로 지정되어 보존·관리에 새로운 전기를 마련하였다. 이 같은 성과는 이후, 문화재청과 성보문화재연구원이 2015년부터 실시한 '대형불화 정밀조사' 사업을 공동으로 추진하는 밑거름이 되어주었다. 그렇다면, 우리 역사와 함께 한 괘불은 언제, 어떠한 배경으로 조성이 되었을까.

괘불의 제작 기원은 정확히 알 수 없으나, 임진왜란과 정유재란 후 병자호란이 발생하는 등 연이은 외적의 침입으로 무고하게 희생된 이들을 위로하는 대규모 천도 의식을 치르면서 괘불이 조성된 것으로 보인다. 그러다가 사찰의 대규모 야외 행사나 법회가 열릴 때면 밖으로 괘불을 이운移運하여 전각 앞에 있는 괘불대에 걸어 놓고 법회 의식을 행하였다.

불교를 믿는 대중들은 저마다의 사연을 품고 사찰에 모여든다. 그래서 불교 신앙의 대상인 부처님의 모습도 한 분의 모습만은 아니었다. 괘불의 제작 기록을 적은 화기畵記를 보면 어떤 부처님인지 알 수 있는데, 대부분 영산회괘불靈山會掛佛, 대영산괘불大靈山掛佛 등으로 괘불을 지칭하고 있다. 영산회靈山會란 석가모니불이 영축산에서 『법화경法華經』을 설법했던 때의 모임으로, 괘불의 도상 중에는 영축산의 석가모니불을 그린 영산회상도의 비중이 가장 크다.

나는 올해 국가지정 동산문화재 정기조사에서 석가모니불이 아닌 미륵불을 모신 국보 〈장곡사長谷寺 미륵불彌勒佛 괘불탱掛佛幀〉을 볼 기회를 얻었다. 현재 문화재로 지정된 괘불 중 미륵불로 불리는 예는 〈장곡사 미륵불 괘불탱〉과 부여 〈무량사 미륵불 괘불탱〉(1627) 단 2점이다. 미륵불은 불교 경전인 『미륵삼부경彌勒三部經』에서 석가모니 입멸入滅 후 56억 7천만 년이 지난 후 이 세상에 내려와서 중생을 구제할 미래불로 부처와 보살의 성격을 함께 가지고 있다.

지상에 내려온 미륵불 이야기

햇살이 내리쬐던 날, 괘불 조사가 진행되는 동국대학교 경주캠퍼스로 향했다. 조사가 원만히 진행될 수 있도록 사찰이 아닌 곳에서 괘불 조사가 이루어졌지만 괘불을 직접 볼 생각에 가는 내내 마음이 설레었다. 동국대학교 경주캠퍼스 강당에 들어서는 순간 바닥에 펼쳐진 괘불이 나의 시선을 압도한다. 화면 가운데 본존불인 미륵불이 잔잔한 미소를 띠며 중앙에 서 있었고, 그 주위에 불보살과 권속, 청중이 화면을 가득 채우고 있었다. 기나긴 수행으로 무수한 공덕을 쌓은 미륵불은 근엄하기보다는 친근한 모습이었다. 이 괘불이 장곡사 사찰 앞마당에 걸리면 얼마나 경이로울까!

사찰 마당에 예불 소리가 바람결을 따라 울려 퍼지고 구름 한 점 없는 하늘에 괘불이 펼쳐진다. 곧 마주할 미륵불을 기다리는 사람들의 간절함이 모여드는 가운데 장곡사에 괘불이 걸렸던 어느 날을 잠시 상상해 본다.

천년 고찰 장곡사에서 열린 야단법석

충청남도 청양군 대치면 장곡길에 위치한 장곡사는 마곡사의 말사末寺로 850년(신라 문성왕 12) 보조 선사普照禪師(804~880)에 의해 창건되었다고 전해진다. 그러나 이것은 『칠갑산 장곡사 금당 중수기七甲山長谷寺金堂重修記』(1777)의 내용을 근거로 한 것이며, 장곡사의 역사를 직접 입증하는 문헌 자료는 전해지지 않는다. 그러나 다행히도 『조선왕조실록』 1407년(태종 7)의 기록에서 장곡사가 조선 왕실의 자복사資福寺(국가와 왕실을 위해 복을 기원하는 사찰)로 지정되었음을 알 수 있다. 장곡사의 상대웅전 중앙 칸 창호 위쪽에는 '주상전하수만세主上殿下壽萬歲'라는 축수문구가 양각으로 새겨져 있는데, 이는 과거 장곡사의 위상을 말해 준다. 또한 1656년(효종 7) 실학자 유형원柳馨遠이 편찬한 『동국여지지東國輿地誌』에는 칠갑산에 장곡사가 있다는 내용이 있어 자복사찰로 지정된 이후에도 꾸준히 지역의 신앙적 구심점으로 존속하였음을 알려준다.

〈장곡사 미륵불 괘불탱〉이 조성된 1673년(현종 14)은 전란으로 전소된 사찰 전각을 중건하고 새로운 주예배상을 갖춰 나가던 시기로 괘불 조성은 17세기 있었던 장곡사 재건을 마무리 짓는 대불사였다.

1997년 9월 22일 국보로 지정된 〈장곡사 미륵불 괘불탱〉은 삼베 바탕에 그려진, 전체 높이 898cm, 너비 586cm(화면 806×556cm)인 대형 불화이다. 특히 괘불은 도상을 그린 뒤 각 존상의 명호名號를 방제旁題에 적어놓아 그 동안 도상만으로는 구별할 수 없었던 존상의 명칭을 명확히 알 수 있다. 그럼 부처님 설법을 듣기 위해 여러 불세계에서 모여든 이들의 모습을 장곡사 괘불에서 자세히 살펴보자.

철학 등 5인, 국보 〈장곡사 미륵불 괘불탱〉, 1673년, 삼베에 채색, 청양 장곡사, ⓒ성보문화재연구원

〈장곡사 미륵불 괘불탱〉 존상 명칭

① 미륵존불 彌勒尊佛
② 노사나불 盧舍那佛
③ 비로자나불 毗盧遮那佛
④ 다보여래 多寶如來
⑤ 석가문불 釋迦文佛
⑥ 약사여래 藥師如來
⑦ 아미타불 阿彌陀佛

⑧ 대묘상보살 大妙相菩薩
⑨ 법림보살 法林菩薩
⑩ 문수보살 文殊菩薩
⑪ 보현보살 普賢菩薩
⑫ 관음보살 觀音菩薩
⑬ 대세지보살 大勢至菩薩

⑭ 가섭존자 迦葉尊者
⑮ 아난존자 阿難尊者
⑯ 목련존자 木蓮尊者
⑰ 라호라존자 羅怙羅尊者
⑱ 약구라존자 若矩羅尊者
⑲ 반이가존자 半託迦尊者
⑳ 소빈라존자 蘇頻羅尊者

㉑ 아벌다존자 阿伐多尊者
㉒ 가리가존자 迦哩迦尊者
㉓ 빈두로존자 賓頭盧尊者

㉔ 상방대범천왕 上方大梵天王
㉕ 제석천왕 帝釋天王
㉖ 다문천왕 多聞天王
㉗ 동방지국천왕 東方持國天王
㉘ 증장천왕 增長天王
㉙ 광목천왕 廣目天王

㉚ 제대용왕 諸大龍王
㉛ 아함세왕 阿含世王
㉜ 용녀헌여래 龍女献如來
㉝ 위제희자 韋提希子
㉞ 보향천자 普香天子
㉟ 보광천자 普光天子
㊱ 일월천자 日月天子
㊲ 헌주천녀 献珠天女
㊳ 상제천동 上帝天童
㊴ 천제천동 天帝天童

상단

중단

하단

지상에 내려온 미륵불 이야기

양손으로 연꽃 가지를 든 미륵불을 중심으로 주변의 권속들이 삼단의 열을 지어 화면을 가득 채우고 있다. 미륵불은 화면 중심에 서 있으며 좌우 대칭으로 권속들을 배치하였다. 화면 상단에는 여래 네 분과 보살 네 분이 좌상으로, 화면 중단에는 여래 두 분과 보살 두 분이 입상으로 자리를 차지하고 있다. 하단에는 사천왕과 천부중이 위치하였고, 본존불인 미륵불 주변에는 나한들과 제자들을 배치하였다. 모두 39분으로 미륵불에 비해 권속들이 비중과 화면 구성에 따라 작게 그려져 거대한 미륵불이 더욱 돋보인다.

지상에 내려와 중생을 구제한다는 미륵불은 턱이 짧고 사각형의 얼굴에, 머리에는 부채꼴 모양의 보관을 썼다. 보관의 중간과 끝에는 화염보주火焰寶珠로 장식하였고, 보관의 중앙 위아래에 화불化佛을 안치하였다. 양쪽 귀 옆 관대冠帶 좌우에도 두 분의 화불을 배치하여 보관에는 총 네 분의 화불이 있다. 미륵불은 팔이 유난히 길고 상체는 크며 연꽃 가지를 왼손으로 잡고 오른손으로는 받치고 있다.

화면 상단에 위치한 네 분의 여래는 다보여래多寶如來, 석가문불釋迦文佛, 약사여래藥師如來, 아미타불阿彌陀佛이다. 다보여래는 양 손바닥을 위로 향하게 포갠 선정인禪定印을 한 모습으로 손 위에 탑을 들고 있다. 석가

지상에 내려온 미륵불 이야기

문불은 오른쪽 어깨를 드러낸 우견 편단의 착의에 오른손을 내려뜨려 땅을 가리킨다. 약사여래와 아미타불은 모두 법을 설할 때 짓는 설법인說法印 수인을 하고 있으며 약사여래는 왼손에 약함을 들고 있다. 상단의 불보살 사이사이에는 불법을 수호하는 나한羅漢인 라호라존자羅怙羅尊者 등 총 7분이 합장을 하고 서 있다.

네 분의 여래 아래로는 문수보살文殊菩薩과 보현보살普賢菩薩, 관음보살觀音菩薩과 대세지보살大勢至菩薩이 등장한다. 오른손으로 연꽃 가지를 들고 있는 문수보살과 보현보살은 연꽃 위에 놓인 지물이 서로 다른데 문수보살은 보주寶珠가, 보현보살은 경권經卷이 놓여 있다. 관음보살은 왼손 위에 정병이 놓여 있고, 대세지보살은 오른손에 관인官印을 들고 있다.

화면 중단에는 여래 두 분과 보살 두 분이 서 있는데, 다른 권속들에 비해 크게 그려졌다. 본존불인 미륵불의 좌(향우측), 우(향좌측)로 여래불은 노사나불盧舍那佛과 비로자나불毗盧遮那佛을, 보살은 대묘상보살大妙相菩薩과 법림보살法林菩薩을 배치하였다.

노사나불과 비로자나불은 투명한 흑사黑絲의 두광에 각각 설법인說法印과 지권인智拳印을 취하고 있다. 두 분의 여래 아래로는 대묘상보살과 법림보살이 위치하였다. 대묘상보살은 달을 상징하는 흰 보주와 연화를 시물로 들고 있고, 법림보살은 해를 상징하는 붉은 보주가 든 향로와 유리병을 들고 있다.

마지막으로, 화면의 하단에는 사천왕四天王과 천자天子, 제자弟子 무리가 서 있다. 그중 가장 바깥에는 사천왕상이 외호하고 있으며 그 위로 가섭존자迦葉尊者, 아난존자阿難尊者, 목련존자木蓮尊者가 서 있고 이들 사이에 보향천자普香天子, 보광천자普光天子, 상방대범천왕上方大梵天王, 제석천왕帝釋天王이 위치하였다.

화면의 여백에는 보다 작은 크기의 여러 청중이 구름 사이로 등장해 부처님의 설법을 듣고 있다. 공양물이 담긴 접시를 든 용녀헌여래龍女献如來와 위제희자韋提希子, 일월천자日月天子, 여의주를 받치는 헌주천녀献珠天女, 상제천동上帝天童, 천제천동天帝天童 등이 모습을 드러낸다. 이처럼 본존불 주위로 권속을 좌우 대칭되게 배치하는 구성은 〈북장사 영산회 괘불탱〉(1688), 〈문경 김룡사 영산회 괘불도〉(1703), 〈안동 봉정사 영산회 괘불도〉(1710) 등 괘불 조성이 활발히 진행되던 시기의 경상도 지역 불화제작에도 영향을 주었다. 화면의 가장자리는 범자梵字가 적힌 연꽃으로 외곽면을 따라 장식하였다.

지상에 내려온 미륵불 이야기

화기는 화면 하단 중앙에 화기란을 마련하여 괘불의 조성연대와 제작에 참여했던 시주자들과 당시의 소임자들을 기록하였다. 화승으로는 철학哲學을 수화승首畵僧으로 천승天勝, 신밀信密, 일호一湖, 해종海宗 등 다섯명이 괘불 제작에 참여하였다. 화기란 위쪽에는 왕과 왕비 세자의 안녕을 기원하는 축원문도 기록하였다. 〈장곡사 미륵불 괘불탱〉은 '영산대회괘불탱靈山大會掛佛幀'이라는 화기 내용에 따라 현세불인 석

화기의 '영산대회괘불탱(靈山大會掛佛幀)'

가모니불이 영축산에서 설법하는 장면을 재현하고 있어 영산회상도로 보아야 한다는 견해가 있다. 게다가 화면 구성상 본존의 좌우에 삼세불三世佛(약사불, 석가모니불, 아미타불)의 구성을 읽을 수 있고 삼신불三身佛(노사나불, 석가모니불, 비로자나불)의 조합도 이루고 있어 본존불이 석가모니불임을 입증해 준다. 하지만, 화기 내용이나 화면 구성과 달리 방제에는 본존불을 미륵존불彌勒尊佛로 기록하였고 미륵불의 협시보살인 대묘상보살과 법림보살이 표현되어 있어 미륵불을 본존으로도 보고 있다.

이와 같이 미륵불을 영산회의 본존으로 신앙하는 것은 일반적인 불화의 형식과는 맞지 않는다. 당시의 불교 의식집인 『오종범음집五種梵音集』

'미륵존불(彌勒尊佛)' 방제

(1661) 「영산작법靈山作法」 편에서는 미륵불을 걸어 놓고 의식을 진행하는 것에 대해 다음과 같이 기록하였다.

영산작법을 하는 곳에 미륵을 도해한 불화를 거는 사람들은 『법화경法華經』 「서품序品」의 미륵과 문수보살의 문답처問答處를 살피지 않은 것이다. … 아울러 미륵전彌勒殿에서 영산작법을 설하는 사찰의 예 역시 잘못되었다.

_박세민 편, 『한국불교의례자료총서』, 182쪽

의식집은 영산작법 의례절차 중 미륵불을 거는 것을 지적하면서 석가모니불과 미륵불이 함께 수용되던 단계에서 영산회의 본존불인 석가모니불이 의식에 걸려야 함을 강조하고 있다. 이처럼 17세기 의식집에 보이는 영산회에 대한 인식의 변화는 점차 괘불이 전국적으로 확산하는 18세기 이후 본존불로 미륵불의 예가 나타나지 않는 모습을 보여준다. 장곡사 괘불은 조선 후기 의식집의 과도기에 존재했던 괘불의 모습으로 설명될 수 있다. 하지만 다른 한편으로는 전란으로 어려운 현세에 희망을 기원하고 안정된 삶을 바라는 조선인들의 마음이 석가모니불을 대신해 현세의 고통을 구제하는 미래불인 미륵불을 더 간절히 바라지 않았을까 생각된다.

희망과 위로의 시간, 괘불을 펼치다

지난 2014년 3월 미국 필라델피아미술관 그레이트 스테어홀Great Stair Hall의 한가운데에 〈화엄사 영산회 괘불탱〉(1653)이 전시되었다. 높이가 12m나 되는 이 거대한 괘불은 석가모니불이 영축산에서 『법화경』을 설법하던 당시의 모습을 그린 그림으로, 이날 영혼을 천도하는 불교 의식의 하나인 영산재도 함께 거행되었다. 엄숙하고 경건한 의식 절차를 경험한 관람객들은 말로 형용할 수 없는 강렬한 전율을 느끼며 우리 문화의 독창성과 다른 곳에서는 쉽게 접할 수 없는 한국 문화유산의 가치를 재발견했을 것이다.

필라델피아미술관에서 열린 조선미술특별전
(Treasures from Korea: Arts and Culture of the Joseon Dynasty, 1392~1910)의
〈화엄사 영산회 괘불탱〉 전시와 영산재 의식(2014)
ⓒCourtesy of the Philadelphia Museum of Art

　　　　　　　　　　　　　　　지상에 내려온 미륵불 이야기

우리에게 있어 괘불은 자연재해와 질병, 기아와 전쟁의 폐허를 극복하고자 부처님께 설법을 청하는 불화로, 각종 불교 의식에 사용되었다. 인간의 힘으로 막을 수 없는 재난은 조선시대도 예외가 아니었는데, 『조선왕조실록』에는 이상 자연현상 기록이 16~18세기 전반까지에 집중적으로 나타난다. 특히 17세기는 세계적으로 기온이 하강하는 소빙기小氷期의 영향을 받아 조선에도 천재지변이 자주 발생하였다. 이에 사찰에서는 불교 의식을 거행해 국난을 극복하고자 하였고, 사찰 마당에 건 괘불 속 부처님의 모습은 늘 그렇듯 힘든 사람들을 위로하고 대중을 결속시키는 역할을 해주었다.

괘불이 조성된 지 수백 년이 지나도 우리는 여전히 많은 재난과 맞닥뜨리고 있다. 코로나19가 세계를 휩쓸었고, 이상 기후와 전쟁, 사회 양극화 등으로 세계 곳곳이 신음하고 있다. 그동안 괘불은 크기와 의식용 불화로서의 성격 등으로 인해 일반인이 직접 볼 기회가 흔치 않았다. 요즘은 문화재로 지정된 괘불들이 사찰이 아닌 박물관에서도 많이 전시되고 있어 누구나 쉽게 다가갈 수 있다. 우리 조상들이 사찰을 찾아가 괘불 속 부처님의 힘을 빌려 현세의 고통을 극복하고자 했듯이 우리도 거대하지만 온화한 부처님을 보면서 지친 마음을 위로받고 새로운 일상으로 나아갈 수 있는 용기와 희망을 얻었으면 한다. 끝으로 어려운 이 시기에 고통받는 이들에게 종교와 시공간을 초월해 위로가 되어줄 괘불의 가치가 다시금 재조명되기를 바란다.

밑바닥
없는
이
항아리

박형빈

국보 〈분청사기 상감운룡문 항아리〉

처음 이 항아리를 보면, 표면에 둘러진 복잡하고 다양한 문양들보다 좀 더 시선을 잡아끄는 부분이 있다. 바로 휑하니 뚫려 있는 바닥이다. 항아리에 새겨진 국화무늬, 당초唐草무늬, 여의두如意頭무늬, 연판(연꽃)무늬, 그리고 가장 시선을 끄는 구름과 용 무늬도 물론 아름답고, 그 기술이나 표현이 뛰어나다. 하지만 무엇보다 뚫린 바닥이 상상의 나래를 펴게 한다. 처음부터 바닥이 없었을까? 아니면 만들어졌을 때는 있었지만 세월이 지나면서 바닥이 뚫린 걸까? 그랬다면 망가진 것을 왜 버리지 않았을까. 버리지 않

국보 〈분청사기 상감운룡문 항아리〉 바닥 부분

았다면 왜 수리하지 않았을까. 혹시 만들다 문제가 생겼는데 수선하여 쓰다가 밍가진 것일까?

꼬리에 꼬리를 무는 의문들은 잠시 접어두고, 도자기 자체를 한번 살펴보자. 우선 이 도자기의 이름부터 살펴본다. 〈분청사기 상감운룡문 항아리〉인데, 순서대로 '분청사기'는 도자기의 제작법, '상감운룡문'은 대표적인 문양, '항아리'는 도자기의 모양을 나타낸다.

우리가 도자기 제작법으로 흔히 접하는 백자나 청자라는 이름은 사실 옛날 기록에도 나오는 이름이다. 옛날에도 청자, 백자라고 불렸었다는 뜻이다. 하지만 분청사기粉青沙器, 정확히는 분장회청사기粉粧灰青沙器라는 이름은 일제강점기 우리나라 미술사학자였던 고유섭 선생님이 새로 만들어낸 단어다. 그릇 표면에 흰색 흙(백토)을 칠하고 회청색을 띤 사기라는 뜻이다. 백자, 청자와는 확연하게 다른 특징을 가지지만 따로 이름이 없던 그릇들을 정확하게 구분하기 위해 새로 이름을 지은 것이다. 청자, 백자와 맞추기 위해 분청자粉青磁라고 부르기도 한다. 역사적 용어가 아니기 때문에 다른 이름을 새로 지어도 상관없겠지만, 청자 계열이면서도 백자와 같이 보이기 위해 백토를 칠했다는 특징을 잘 나타내는 이름이기 때문에 계속 분청사기라는 명칭을 쓰고 있다.

밑바닥 없는 이 항아리

국보 〈분청사기 상감운룡문 항아리〉, 15세기 전반,
높이 49.7cm, 입지름 15cm, 밑지름 21.2cm, 국립중앙박물관

유물과 마주하다 197

무슨 문양을 새긴 걸까

다음으로 상감운룡문을 비롯한 문양을 살펴보자. 이 항아리를 보면 주둥이부터 굽까지, 빈 공간 없이 빽빽하게 문양을 넣은 것을 알 수 있다. 심지어 주둥이 부분은 보이는 바깥쪽뿐 아니라 보이지 않는 안쪽까지 문양을 새겨 넣었다. 문양을 자세히 살펴보면 우선 주둥이 부분의 하얀 점 같은 것이 촘촘히 새겨져 있는 것을 볼 수 있다. 이것은 사실 국화무늬인데, 하나하나 새긴 것이 아니고 도장 같은 도구에 무늬를 파서 찍어낸 것이다. 조선시대 초기에는 이런 방식을 많이 사용하였기 때문에 이 항아리가 언제 만들어졌는지에 대한 단서를 주고 있다. 이 국화무늬는 주둥이뿐 아니라 조금 내려와서 어깨와 몸통 부분의 여백을 빼곡이 채우고 있기도 하다.

그 다음으로는 어깨 바로 위에 띠를 두른 당초무늬이다. 이 당초무늬는 중앙과 하단에도 나타난다. 한자로는 당초문唐草文이라고 하며, 덩굴 모양을 가리키는 말로, 넝쿨무늬라고도 한다. 우리나라에서는 고려청자, 분청사기, 조선백자에서 모두 자주 쓰이는 문양으로, 특히 고려청자에서 많이 나타난다. 이 항아리처럼 주로 띠 모양으로 나타내는데, 모란·연꽃·국화 등 다른 꽃문양과 연결시켜 모란당초무늬, 연화당초무늬 식으로 사용된다. 이 항아리에서는 띠처럼 사용해서 마치 문양들을 구분하는 역할도 있다.

항아리의 입 부분

상단부의 국화무늬, 당초무늬, 여의두무늬

그 밑, 어깨 부분에는 여의두무늬를 둘렀다. 여의두는 글자 그대로 여의의 머리라는 뜻인데, 여의는 스님이 불경을 외거나 설법을 할 때 지니는 도구이다. 모양은 효자손같이 생긴 막대기 끝에 구름 같은 모양이 붙은 모습이다.

두껍게 표현된 여의두무늬는 그 윤곽선을 검은색과 흰색으로 이중으로 표현하고 문양 안쪽에는 다시 흰색으로 물결무늬를 찍은 뒤에 가운데에 연꽃으로 장식하였다. 자세히 보면 윤곽선의 검은색과 흰색 선은 안쪽의 물결무늬와 비교했을 때 선의 굵기가 일정하지 않은 것으로 보인다. 윤곽선은 상감象嵌기법으로 표현하였는데, 상감기법은 표면을 선 모양으로 파낸 뒤에 그 파낸 부분을 채워 넣는 기법이다. 이 경우는 두 줄을 파낸 뒤에 검은 흙과 흰색 흙을 채워서 선을 나타내었는데 아무래도 사람이 손으로 하는 작업이다 보니 내부의 물결무늬, 외부의 국화무늬같이 도구로 찍은 것보다는 균일하지 않다.

여의두무늬의 바깥쪽은 여백으로 두지 않고, 주둥이 부분과 같은 국화무늬를 도장 같은 도구로 찍어내어 채웠다. 빈틈이 없도록 꼼꼼하게 채워 넣은 모습이 인상적이다.

중앙부의 구름과 용 무늬

　그 밑을 보면, 여의두무늬와 국화무늬 밑에 다시 당초무늬를 둘러서 구분한 뒤, 이 항아리의 주문양이라고 할 수 있는 용을 그려 넣었다. 구름 사이를 날고 있는 용은 두 마리로 서로 대칭을 이루고 있다. 멋지거나 위엄 있다기보다는 조금 익살스럽게 표현된 용이지만 그 비늘을 빈틈없이 꼼꼼하게 새겨 넣었고, 갈기나 다리의 동작이 힘차게 표현되어 있다. 용늘은 왼쪽의 여의주를 쫓아가는 모양인데 주변의 구름무늬 또한 멈춰 있는 구름이 아니라 흐르고 있는 구름을 나타내고 있다. 고려청자 같은 경우에는 용이 구름 사이로 솟아오르는 느낌을 주는 경우가 많은데, 이 항아리에서는 앞으로 직신직으로 움직이는 모양이다. 용은 두 마리가 대칭을 이루고 있지만 모습이 완전히 똑같지는 않고, 한 마리는 한쪽 다리가 화면을 벗어나 밑부분의 당초무늬와 겹치게 표현되어 있다. 이 용과 구름은 여의두무늬와 같이 상감으로 표현되었는데 특히 비늘 부분을 일일이 새겨 넣은 점에서 상당히 정성을 들여 만든 것을 알 수 있다.

한 가지 흥미로운 사실은, 보통 용이 군주를 나타내는 경우가 많지만 그것이 확실히 정해진 것은 중국 원나라 시기이다. 원나라에서는 뿔이 둘이고 발톱이 다섯인 용(쌍각오조룡雙角五爪龍)은 황제만이 사용할 수 있는 문양으로 정하고, 발톱이 서너 개인 용 문양은 민간에서도 사용할 수 있게 하였다.

따라서 원래 우리나라는 발톱이 서너 개인 용을 문양으로 쓸 수 있었다. 이 항아리에 나타난 용도 발톱이 4개로 보인다. 하지만 시간이 흐르면서 우리나라, 즉 조선의 왕과 왕비도 발톱이 5개인 오조룡을 사용하였고, 왕세자와 세자빈은 사조룡, 왕세손과 세손빈은 삼조룡을 쓰게 했다고 한다. 하지만 더 시간이 흘러 조선 후기가 되면 용 문양은 무조건 오조룡으로 하거나, 더 나아가 발톱이 7개인 칠조룡 문양도 사용하게 된다.

밑바닥 없는 이 항아리

하단부의 당초무늬와 연판무늬

구름과 용 밑에는 다시 당초무늬를 두르고, 그 밑에는 네모난 모양의 연판蓮瓣무늬를 새겨 넣었다. 연판은 연꽃잎이라는 뜻으로 연꽃잎은 어깨 쪽의 여의두무늬와 같이, 검은색과 흰색의 선으로 모양을 나타내고, 그 내부에는 다시 꽃 모양을 새겨 넣어 꼼꼼하게 마무리했다.

언제, 누가 만들어 쓰던 항아리일까

주둥이에서 어깨로 넓어지고, 다시 약간 좁아지다가 마무리되는 이 항아리 모양은 사실 고려청자 때부터 만들어지던 모양이다. 주둥이 쪽은 일부가 파손되어 수리한 것을 확인할 수 있다.

그럼 이 항아리는 언제쯤 만들어졌을까? 우선 청자가 아니라 백토를 바른 분청사기라는 점에서 조선 초기로 볼 수 있다. 또한 도장 같은 도구로 찍어낸 국화무늬를 항아리 전체에 빽빽하게 채워 넣은 방식은 조선 초기의 분청사기에서 많이 나타난다. 다른 분청사기 유물, 가마터의 고고학적 연구결과를 참고하면 세부적으로는 15세기의 전반기, 지금으로부터 약 600년 정도 전에 만들어진 것으로 볼 수 있다.

이 항아리를 만들고 사용한 사람들은 어떤 사람들일까? 이 항아리가 만들어졌던 시기는 조선 초기로, 당시에는 돈이 아닌 현물, 즉 물건으로 세금을 걷었으며, 분청사기와 같은 도자기도 그 대상이 되었다. 이렇게 세금으로 걷힌 도자기는 주로 왕실이나 관청에서 사용되었다.

물론 민간에서도 도자기를 사용하였고, 특히 세금으로 바치는 품질 좋은 도자기를 찾는 사람들이 많아서 관청에 세금으로 바쳐진 도자기가 없어지기 일쑤였다. 정부에서는 이에 대한 대책으로 이 도자기가 어디 관청의 소유인지를 표시하기 위해 부처의 이름을 도자기에 새기게 된다. 그 당

밑바닥 없는 이 항아리

시에도 정부의 관청은 새로 생기거나 합쳐지거나 없어지거나 했기 때문에, 도자기에 관청의 이름이 새겨져 있는 경우 그 관청이 언제 생겨나서 언제 없어졌나를 연구하면 그 도자기가 언제 만들어졌는지를 알 수 있는 경우가 있다. 분청사기의 제작 연대는 이러한 유물들을 연구해서 추정할 수 있다.

하지만 관청의 이름은 도자기의 바닥에 새기는 경우가 많았고, 이 항아리의 경우 바닥이 통째로 없기 때문에 명확한 시기를 추정할 수는 없다. 다만 다른 사례로 보아, 이 항아리가 가지고 있는 특징, 즉 백토를 바른 분청사기로서, 고려청자의 흐름을 잇는 항아리 모양을 하고 있으며, 도장 같은 도구를 사용한 국화무늬와 상감을 이용한 용 문양 등이 빼곡하게 새겨진 점을 감안하면 이 항아리도 왕실이나 관청에서 사용하기 위해 만들어진 것이라고 추측해 볼 수 있다. 그렇다면 이 항아리를 만든 사람들은 도자기를 만드는 전문적인 장인들이라고 추측할 수 있으며, 사용한 사람들도 정부의 관료나 왕실 사람들이라고 추정할 수 있다.

도자기를 만드는 것은 재료와 함께 장인의 기술이 중요하다. 토기와 도자기를 구분하는 기준은 결국 그릇을 얼마나 뜨거운 온도에서 구워냈는지로 판별할 수 있다. 흙을 빚어 높은 온도에서 구워내면, 흙과 유약 안에

섞인 석영과 같은 유리질이 녹게 되고, 식으면서 유리 성분이 입자를 더욱 단단하게 결합시키면서 일종의 피막을 형성하게 된다. 이렇게 만들어진 도자기는 토기에 비해 더욱 단단하고, 물과 같은 액체를 더 잘 보관할 수 있기 때문에 사용하기 편리하다. 이렇게 높은 온도에서 그릇을 굽기 위해서는 가마의 모양, 사용하는 연료, 불을 때는 방식 등 많은 지식과 기술이 필요하다. 그리고 이러한 도자기에 문양을 새기고 장식하는 것도 전문적인 기술과 예술적 감각이 필요하다. 따라서 이 항아리는 만드는 데 많은 정성이 들어갔음을 알 수 있고, 관청명이 남아 있지 않지만 관청이나 왕실에서 사용된 항아리로 짐작할 수 있다.

왜 국보·보물을 아직도 연구할까

그럼 처음의 의문으로 돌아가서, 이 항아리의 바닥은 어떻게 된 걸까? 사실 그건 아무도 모른다고 할 수 있다. 아주 맥 빠지는 이야기지만, 지금으로선 알 수가 없다. 다만 이 항아리에 정교하게 문양을 그리고, 주둥이 부분을 수리한 것을 보면 정성들여 만들어 귀중하게 사용했던 것으로 보이므로 처음 만들어졌을 때부터 바닥이 없었던 게 아닐까 의심이 들 뿐이다. 앞으로의 연구와 새로운 유물의 발견을 통해 설명될 수 있기를 기대해야 한다.

밑바닥 없는 이 항아리

몇백 년 전의 유물이라고 해서 우리가 모든 것을 알고 있는 건 아니다. 예를 들자면 불과 몇십 년 전만 해도 고려청자 중 상감 문양이 있는 것은 고려 말기의 것이라고 생각했었다. 몽골의 침입 후 고려가 쇠퇴하면서 더 이상 청자의 비색翡色을 낼 수 없게 되자, 화려한 상감 문양을 통해 가리려고 했다고 생각했던 것이다. 논리적인 이야기처럼 들린다. 고려 말기의 청자가 지금 보기에 색이 탁해진 것도 맞아떨어지는 것처럼 보였다. 하지만 연구가 진전되고 새로운 유물과 유적이 발견되면서 고려청자의 상감 문양 기법이 비색 청자와 시대가 겹친다는 것을 알게 되었다.

이러한 사례는 무수히 많다. 그리고 이런 사실이 우리가 가치 있고 중요하다고 판명되어 이미 국보나 보물로 지정된 문화유산이라 할지라도 끊임없이 다시 들여다봐야 하는 이유이다.

참고 문헌

1 살아남은 문화재와 마주하며

이 백자 한 점이 국보로 전하기까지 — 신주혜

간송미술문화재단, 『간송문화』, 간송미술문화재단, 2014

김상엽, 『미술품 컬렉터들』, 돌베개, 2015

방병선, 『순백으로 빚어낸 조선의 마음, 백자』, 돌베개, 2002

이충렬, 『간송 전형필』, 김영사, 2010

최순우, 『무량수전 배흘림기둥에 기대서서』, 학고재, 2017

본래 자리에서 만나는 기쁨 — 박진희

김규보, 「도난문화재 48점 제자리로…조계종, 이운고불식」, 『법보신문』, 2017. 4. 4.

대한불교조계종 총무원, 『불교문화재 도난백서』, 조계종 출판사, 1999

전란 속에서 지켜낸 초상화 — 박윤희

문화재청, 『보물 초상화』, 2019

문화재청, 『2016년 동산 문화재 분과위원회 조사 보고서』, 2016

서수용, 「종가기행 4: 大邱 徐氏-유교적 범절과 德으로 지켜온 '흔들림 없는' 명문가 위상」,
　　　『주간한국』 2006년 5월호

디지털 포천 문화 대전 (http://pocheon.grandculture.net)

2 옛사람들의 마음과 삶을 떠올리며

부처님 속에 담은 극락왕생의 염원 — 김보민

김리나 외 7인, 『한국불교미술사』, 미진사, 2011

김보민, 『고려시대 수구다라니 연구 - 불복장 및 분묘 출토품을 중심으로』, 명지대학교 대학원
　　　미술사학과 석사 학위 논문, 2018

김보민, 「고려시대 수구다라니의 유형과 활용 양상」, 『미술사학연구』 309, 한국미술사학회, 2021

정은우·신은제, 『고려의 성물, 불복장』, 경인문화사, 2017

최성은, 『고려시대 불교 조각 연구』, 일조각, 2013

위엄 속에서 자비를 느끼다 — 김희진

권은정, 『순천 송광사 사천왕상 연구』, 동국대학교 교육대학원 교과교육학과 석사 학위 논문, 2014

노승대, 『잊혔거나 알려지지 않은 사찰 속 숨은 조연들』, 불광출판사, 2022

임영애, 「순천 송광사 사천왕상의 방위 문제와 조성 시기」, 『서지학연구』 30, 한국서지학회, 2005

자현, 『(100개의 문답으로 풀어낸) 사찰의 상징 세계 上』, 불광출판사. 2012

탁현규, 『아름다운 우리 절을 걷다』, 지식서재, 2021

평등한 사회, 분재기로 실현하다 ― 이아름

문숙자, 「조선 후기 균분 상속의 균열과 그 이후의 상속 관행」, 『국학연구』 39, 한국국학진흥원, 2019

전경목, 「분재기를 통해서 본 분재와 봉사 관행의 변천-부안 김씨 고문서를 중심으로-」,
          『고문서연구』 22, 한국고문서학회, 2003

3   왜 국가가 관리하는 문화재일까

한 선비의 구구절절한 일상 이야기 ― 신관호

송재용, 「『미암일기』 연구」, 단국대학교 국어국문학 박사 학위 논문, 1996

송재용, 「『미암일기』의 서지와 사료적 가치」, 『퇴계학연구』 12, 단국대학교 퇴계학연구소, 1998

신관호, 「『미암일기』와 『미암선생집』의 원문서지학적 연구」, 한국학대학원 고문헌관리학 석사
          학위 논문, 2021

정재훈, 「미암 유희춘의 생애와 학문」, 『남명학연구』 3, 경상대학교 경남문화연구원, 1993

정창권, 『홀로 벼슬하며 그대를 생각하노라』, 사계절, 2003

놀라운 효행을 선명히 알리다 ― 박지영

곽수정, 임동석 역, 『이십사효』, 동서문화사, 2012

국립중앙박물관, 『중국 고대 회화의 탄생』, 2008

권보·권준·이제현 저, 윤호진 역, 『효행록』, 지식을만드는지식, 2017

세종대왕기념사업회, 『삼강행실도』, 1982

오민석·김유범·이규범, 「언해본 삼강행실도 효자도의 원전과 텍스트 성립 과정에 대하여」,
          『국어사연구』 30, 국어사학회, 2020

이태호·송일기, 「초편본 삼강행실효자도의 편찬 과정 및 판화 양식에 관한 연구」, 『서지학연구』
          25, 한국서지학회, 2003

최경훈, 「덕원당본 삼강행실효자도의 발견과 가치」, 『고인쇄문화』 19, 청주고인쇄박물관, 2012

한국학중앙연구원 편, 『조선시대 책의 문화사』, 휴머니스트, 2008

우리나라 불교석경 문화의 정수 ― 이종숙

강혜근, 「방산석경과 화엄석경 및 고려대장경의 비교 연구」, 『중국어문학논집』 24,
          중국어문학연구회, 2003

국사편찬위원회, 『불교미술, 상징과 염원의 세계』, 두산동아, 2007

권희경, 「고려 후기 개인발원 고려사경 변상화의 양식분석」, 『서지학연구』 31, 서지학회, 2005

김복순, 「화엄사 화엄석경편의 판독과 조합 시론」, 『신라문화』 40, 동국대학교 신라문화연구소, 2012

김지견, 『화엄경』, 민족사, 2016

리송재, 「화엄사 〈화엄석경〉의 서풍과 조성시기」, 『불교미술사학』 4, 불교미술사학회, 2006

석혜능, 『도해화엄경』, 부다가야, 2021

장충식, 『한국사경 연구』, 동국대학교출판부, 2008

카마타 시게오 저, 장휘옥 역, 『한 권으로 읽는 화엄경 이야기』, 불교시대사, 2015

정병삼, 「8세기 신라의 불교사상과 문화」, 『신라문화』 25, 동국대학교 신라문화연구소, 2005

조미영, 「〈화엄석경〉의 서사 체재 연구」, 『목간과 문자』 10, 한국목간학회, 2013

화엄사, 『화엄사·화엄석경』, 2002

보물이 미래의 영감이 되도록 ― 송혜민

문화재청, 『문화재대관 – 국보 도자기 및 기타』, 예맥, 2011

국립해양문화재연구소, 『국립태안해양유물전시관』, 2018

국립해양문화재연구소, 『시대교감 - 천 년을 넘어 만난 일상과 예술』, 2020

4　구석구석 다시 보는 국보·보물

동쪽 궐에 깃든 효명세자의 봄날 ― 손명희

손명희, 「회화를 통해 본 효명세자의 삶」, 『문예군주를 꿈꾼 왕세자, 효명』, 국립고궁박물관, 2019

이종묵, 「효명세자의 저술과 문학」, 『한국한시연구』 10, 한국정신문화연구원, 2002

지상에 내려온 미륵불 이야기 ― 김명주

김창균, 「조선조 인조 - 숙종 대 불화 연구」, 동국대학교 미술사학과 박사 학위 논문, 2005

박선영, 「조선 후반기 미륵패불도 연구」, 동국대학교 미술학과 석사 학위 논문, 2010

박은경, 「조선 17세기 충청권역 대관보살형 괘불의 특색」, 『문물연구』 23, 동아시아문물연구소, 2013

이은희, 「조선 후기 미륵보살도의 연구」, 『문화재』 30, 국립문화재연구소, 1997

정명희, 「청양 장곡사 괘불탱」, 『청양 장곡사 괘불탱 : 통도사성보박물관 괘불탱 특별전』 26,
　　　통도사성보박물관, 2012

밑바닥 없는 이 항아리 ― 박형빈

강경숙, 『분청사기연구』, 일지사, 1986

강경숙, 『한국도자사』, 예경, 2012

문화재청, 『문화재대관 – 국보 도자기 및 기타』, 예맥, 2011

방병선 외, 『한국 도자사전』, 경인문화사, 2015

유물과 마주하다
내가 만난 국보·보물

발행처	국립문화재연구원 미술문화재연구실
주소	대전광역시 유성구 문지로 132
총괄	박형빈(미술문화재연구실장)
기획	손명희, 박지영, 송혜민
집필	김명주, 김보민, 김희진, 박윤희, 박지영
	박진희, 박형빈, 손명희, 송혜민, 신관호
	신주혜, 이아름, 이종숙

1쇄 인쇄일	2023년 6월 15일
1쇄 발행일	2023년 6월 30일
엮은이	국립문화재연구원 미술문화재연구실
펴낸이	김효형
펴낸곳	(주)눌와
등록번호	1999.7.26. 제10-1795호
주소	서울시 마포구 월드컵북로16길 51, 2층
전화	02-3143-4633
팩스	02-3143-4631
페이스북	www.facebook.com/nulwabook
인스타그램	www.instagram.com/nulwa1999
블로그	blog.naver.com/nulwa
전자우편	nulwa@naver.com
편집	김선미, 김지수, 임준호
디자인	엄희란

책임편집	임준호
윤문	최진우
표지·본문 디자인	손서연, 최혜진

제작진행	공간
인쇄	더블비
제본	대흥제책

ISBN 979-11-89074-57-9 03900